COUR IMPÉRIALE DE PARIS. — (1re CHAMBRE.)

Présidence de M. le premier président Devienne.

AUDIENCES DES 29 ET 30 NOVEMBRE 1861.

AFFAIRE

DE

M. LE MARQUIS DE FLERS

Conseiller à la Cour des Comptes.

INTELLIGENCES A L'ÉTRANGER ET MANŒUVRES POLITIQUES
AYANT POUR BUT
DE TROUBLER LA PAIX PUBLIQUE ET D'EXCITER A LA HAINE ET AU MÉPRIS
DU GOUVERNEMENT DE L'EMPEREUR.

PLAIDOIRIE DE Mᵉ DUFAURE

(Extrait de la *Gazette des Tribunaux*)

PARIS

IMPRIMERIE CENTRALE DES CHEMINS DE FER

DE NAPOLÉON CHAIX ET Cᵉ,

Rue Bergère, 20, près du boulevard Montmartre.

1862

AFFAIRE
DE M. LE MARQUIS DE FLERS

Conseiller à la Cour des Comptes.

AUDIENCE DU 29 NOVEMBRE 1861.

M. le Procureur général CHAIX D'EST-ANGE, assisté de M. l'Avocat général CHARRINS, occupe le siége du ministère public.

Mᶜ DUFAURE est assis au banc de la défense.

PLAIDOIRIE DE Mᴱ DUFAURE

Messieurs,

Quelle que soit la gravité de la prévention dirigée contre M. le marquis de Flers, je dois me féliciter de ce qu'elle a perdu des proportions qu'on lui donnait à l'époque où, pour la première fois, M. de Flers a été averti de l'intention qu'on avait de le poursuivre. Les bruits les plus étranges s'étaient alors répandus. M. de Flers était en communication avec des souverains étrangers et leur avait livré des secrets importants pour la France. Un complot, qu'on appelait complot orléaniste, avait été tramé, et M. de Flers en était l'âme. Les accusations les plus étranges paraissaient se préparer contre lui.

Grâce au ciel, l'examen de la procédure, des pièces saisies, les interrogatoires que M. de Flers a subis sous la direction d'un de vous, Messieurs, enfin l'attention très-particulière que M. le procureur général a apportée à cette affaire, ont dissipé tout ce qu'il y avait de si grave dans les bruits répandus contre mon client et dans les menaces qu'il avait entendu prononcer. Il n'y a plus de correspondance avec des souverains étrangers ; il n'y a plus de secret de la France trahi ; il n'y a plus de complot. M. de Flers est seul avec son secrétaire, poursuivi devant vous.

Néanmoins M. de Flers ne peut pas se dissimuler tout ce qu'il y a de pénible dans une poursuite de cette nature. Lui, magistrat d'une Cour souveraine, il devient tout d'un coup prévenu. Il descend du siége qu'il a le droit d'occuper, qu'il occupe tous les jours, pour paraître comme simple accusé à votre barre, et M. le procureur général le disait très-bien tout à l'heure, sans avoir le droit de se présenter comme la victime d'une cause politique, le martyr de son dévouement à un parti. Non, dans tous les documents que j'aurai à rappeler, dans tout ce qui est émané de la plume de M. de Flers, vous ne trouverez rien qui signale l'homme de parti. Vous ne trouverez rien non plus qui autorise à dire que M. de Flers ait manqué à son serment; je m'attacherai à le démontrer tout à l'heure. Mais auparavant je suis heureux de m'associer à l'opinion de l'illustre Macaulay et aux paroles de M. le procureur général pour flétrir avec eux et pour couvrir de toute la profonde indignation que j'éprouve, quiconque, dans le cours de sa carrière, a manqué au serment qu'il avait prêté. (*Applaudissements.*)

M. LE PREMIER PRÉSIDENT. — Si cette manifestation se reproduit une seconde fois, je ferai évacuer l'auditoire.

Mᵉ DUFAURE. — Je ne dis qu'une chose très-simple et sur laquelle je suis heureux d'être d'accord avec M. le procureur général. (*Sourires.*)

J'ai à me demander, comme vient de le faire l'éloquent organe de la prévention, quelle est la loi en vertu de laquelle

M. de Flers est poursuivi, quel est le sens de cette loi, quelle peut en être la portée, et je rechercherai ensuite si, à un degré quelconque, elle peut lui être applicable.

M. le marquis de Flers a le malheur d'être, si je ne me trompe, le premier contre qui soit demandée aux tribunaux l'application de la loi du 27 février 1858, non pas que les dispositions qui permettent de frapper administrativement les condamnés pour certains délits n'aient été déjà maintes fois appliquées, mais quant à son application directe par la justice, quant à la punition judiciaire des délits que cette loi à créés et qui n'existaient pas avant elle, je dis que c'est contre M. de Flers qu'elle est requise pour la première fois. On invoque contre lui les articles 2, 4 et 5.

Voici les termes de l'article 2 :

« Est puni d'un emprisonnement d'un mois à deux ans, et d'une amende de 100 francs à 2,000 francs, tout individu qui, dans le but de troubler la paix publique, et d'exciter à la haine et au mépris du gouvernement de l'Empereur, a pratiqué des manœuvres, ou entretenu des intelligences, soit à l'intérieur, soit à l'étranger. »

L'article 4 porte que :

« Les individus condamnés par application des articles précédents peuvent être interdits, en tout ou en partie, des droits mentionnés en l'article 42 du Code pénal, pendant un temps égal à la durée de l'emprisonnement prononcé. »

Article 5 :

« Tout individu condamné pour l'un des délits prévus par la présente loi, peut être, par mesure de sûreté générale, interné dans un des départements de l'empire ou en Algérie, ou expulsé du territoire français. »

Telles sont les dispositions de la loi du 27 février 1858 que l'on invoque contre M. de Flers. Je ne parle pas des peines, la Cour le comprend : tout le monde peut en apprécier la portée.

Je ne m'occupe que du délit ou du caractère que l'article 2 de la loi attribue au délit.

Il consisterait à avoir, soit à l'intérieur, soit à l'extérieur, pratiqué des manœuvres ou entretenu des intelligences dans le but, soit de troubler la paix publique, soit d'exciter à la haine et au mépris du gouvernement de l'Empereur.

Les défenseurs du projet au Corps législatif le disaient avec raison, c'est un délit tout nouveau, et un délit complexe. Il se compose à la fois et des moyens employés et du but pour lequel l'emploi de ces moyens a eu lieu. Les adversaires du projet, s'il y en avait, ce que j'ignore, ceux du moins qui l'examinaient, trouvaient qu'il y avait, tant dans l'indication des moyens que dans l'indication du but, un vague, un caractère illimité, indéfini, qui faisait que l'article 2 de la loi du 27 février 1858 sortait tout à fait de la condition des lois pénales ordinaires dont le principal caractère, comme le premier mérite, est d'être parfaitement définies dans leurs termes.

On leur répondait ce que M. le procureur général disait tout à l'heure, que les mots *manœuvres* ou *machinations, intelligences*, n'étaient pas nouveaux dans notre législation ; et on rappelait, non pas les ordonnances anciennes, qui me paraissent avoir peu d'autorité en matière pénale, mais la loi de 1791, mais le Code de brumaire an IV et le Code de 1810; dans ces lois, disait-on, on parle déjà, quant aux moyens à employer, de manœuvres et d'intelligences pratiquées à l'étranger.

La Cour me permettra, pour montrer jusqu'à quel point on avait tort de justifier les termes de l'article 2 de cette loi par le Code pénal de 1791 ou celui de 1810, de lui rappeler les termes de ces deux Codes, qui sont absolument identiques, le législateur de 1810 ayant copié sur ce point celui de 1791.

La loi du 25 septembre 1794 punit :

« Celui qui aurait pratiqué des machinations ou entretenu des intelligences avec des puissances étrangères ou leurs agents, pour les engager à commettre des hostilités, ou pour leur indiquer les moyens d'entreprendre la guerre contre la France. »

Et encore dans un autre article :

« Toute manœuvre, toute intelligence avec les ennemis de la France tendant soit à faciliter leur entrée dans les dépendances de l'empire français, soit à leur livrer des villes, forteresses, ports, vaisseaux, magasins ou arsenaux appartenant à la France, soit à leur fournir des secours en soldats, argent, vivres ou munitions, soit à favoriser d'une manière quelconque le progrès de leurs armées sur le territoire français, ou contre nos forces de terre et de mer, soit à ébranler la fidélité des officiers, soldats et des autres citoyens envers la nation française. »

Ce sont également les termes des articles 76 et 77 du Code pénal.

Eh ! qui ne voit dans l'emploi ainsi fait de ces mots *manœuvres* et *intelligences* quelque chose de parfaitement défini par le but auquel doivent tendre et les intelligences et les manœuvres ? Remarquez d'abord qu'il faut les avoir eues avec les ennemis de la France, et du moment que c'est là une condition de la culpabilité, la portée de ces mots se saisit ; ils n'ont pas le sens vague devant lequel on s'arrête, lorsque dans une loi on parle de manœuvres ou d'intelligences à l'intérieur ou à l'extérieur. Que voulez-vous dire par là *à l'intérieur ?* Une lettre écrite à l'intérieur à un ami est-elle donc une intelligence ? Une lettre écrite à l'extérieur, de même ? Vous n'avez pas, comme dans la loi de 1791 et le Code pénal, pour caractériser ce que veut dire la loi pénale en parlant de manœuvres ou d'intelligences, la désignation de la personne avec laquelle elles doivent avoir lieu : « Une puissance ennemie de la France. »

Et puis, quel est le but auquel doivent tendre ces intelligences ? Au moins, dans la loi de 1791 ou le Code pénal de 1810, le but est caractérisé et déterminé aussi bien que possible : « ... les engager à commettre des hostilités... leur indiquer les moyens d'entreprendre la guerre contre la France...

leur livrer des villes, forteresses, ports, vaisseaux, etc. » Rien n'est plus nettement caractérisé que le but; de manière que je ne suis pas étonné que, dans la discussion du Code pénal de 1810, on ait trouvé que les deux articles 76 et 77, quoiqu'ils employassent ces expressions indéfinies *manœuvres* et *intelligences*, pouvaient néanmoins former une disposition pénale sur le sens de laquelle il était impossible de se tromper.

En est-il de même de l'article 2 de la loi du 27 février 1858? A quoi doivent tendre ces intelligences, ces manœuvres à l'intérieur ou à l'extérieur? A troubler la paix publique.

Troubler la paix publique! Nous ne connaissons pas ces expressions, que je sache, dans nos lois pénales. Que veulent-elles dire? M. le procureur général vient de les traduire ainsi : inquiéter les souverains étrangers sur leurs trônes, diminuer la sécurité des souverains étrangers! Quoi de plus vague et de plus étrange qu'un semblable délit!

Elles doivent tendre encore « à exciter à la haine et au mépris du gouvernement de l'Empereur. »

Je ne dirai pas la même chose de ces expressions; je sais qu'elles se rencontrent dans nos lois sur la presse; qu'elles ont été écrites dans la loi de 1822, et maintenues dans quelques-unes des lois postérieures. Mais pourtant, voyez comme le vague du but vient se joindre au vague des moyens à employer. Qu'appelez-vous excitation à la haine et au mépris du gouvernement? Il y a là une limite qu'il est extrêmement difficile de marquer, entre les critiques permises à l'égard d'un gouvernement et l'effort passionné qui excite à le mépriser et à le haïr. On s'y trompe tous les jours, et je pourrais citer des exemples récents où, pour avoir dit de tristes vérités, des écrivains modérés ont été l'objet d'avertissements sévères comme ayant excité au mépris et à la haine du gouvernement, tandis que, très-peu de jours après, le gouvernement lui-même devait avouer une situation et des embarras bien autrement graves que ceux que ces écrivains avaient signalés.

La limite est donc difficile à déterminer, et voici comment

l'indétermination du but venant se joindre au vague des moyens, fait de l'article 2 de la loi du 27 février 1858 un article menaçant, un article terrible, et qui ne doit être appliqué qu'avec la plus extrême réserve.

En présence des difficultés d'interprétation qui s'élevaient dans le Corps législatif, M. le président du conseil d'État a cru nécessaire de calmer les préoccupations dont quelques membres du Corps législatif étaient les organes, et voici en quels termes il l'a fait :

« Le projet n'est pas fait contre ceux qui émettent sur le gouvernement une opinion plus ou moins vive, plus ou moins hostile. Le gouvernement qui est représenté comme si rigoureux, comprend bien qu'en France on n'empêchera jamais les épigrammes et les allusions plus ou moins historiques.... »

Ainsi, ce ne sont pas même des attaques hostiles contre le gouvernement que l'article 2 de la loi du 27 février 1858 punit : ce serait exagérer sa rigueur que de soutenir que chacun de nous doit garder le silence sur les fautes du gouvernement, qu'on ne peut en faire l'objet d'une correspondance , qu'on ne pourra pas les signaler *à l'intérieur* au *à l'extérieur ;* c'est aller au delà de la loi ; c'est surtout oublier ce que ses défenseurs ont présenté comme une garantie contre le vague de ses expressions, et, à mon avis, c'est jusque-là que la Cour irait si elle adoptait la prévention soutenue devant elle contre M. de Flers.

Maintenant nous connaissons la loi, nous savons jusqu'où elle va ; nous connaissons son caractère, et par là nous savons que la disposition législative qu'on vous demande d'appliquer ne peut l'être qu'avec une extrême réserve.

M. le procureur général l'a dit avec raison. Il y a deux choses à considérer dans la poursuite dirigée contre M. de Flers, le fait même d'avoir écrit des lettres, et puis l'intention dans laquelle ces lettres ont été écrites.

Quant au fait en lui-même, je suis d'accord avec M. le procureur général. Seulement je demande à faire une observation à la Cour. On a traduit plusieurs fois, dans les observations qu'elle vient d'entendre, le mot *intelligences* par le mot *correspondances*. Je repousse cette assimilation, cette synonymie qu'on a voulu établir. Je sais bien que les anciennes ordonnances citées par M. le procureur général parlent de correspondance avec les puissances étrangères ; je sais encore qu'en 1810, lorsque les deux articles 76 et 77 ont été discutés dans le conseil d'État, l'archichancelier Cambacérès demandait qu'on précisât une autre nature de délit, qu'on punît *toute* correspondance avec les puissances ennemies de la France, mais je sais aussi que la demande de l'achichancelier Cambacérès n'a pas été admise, puisqu'on ne trouve pas dans le Code pénal de 1810 ce qu'il voulait y faire ajouter, et la loi du 27 février 1858, pas plus que le Code de 1810, n'a compris que toute correspondance était une intelligence ou une manœuvre.

C'est l'intention qui seule peut lui donner ce caractère ; la correspondance par elle-même n'est pas coupable : elle n'est interdite par aucune loi, elle n'est pas même mise en suspicion. Il faut y reconnaître l'intention manifeste, déclarée, d'exciter à la haine ou au mépris du gouvernement de l'Empereur, pour trouver l'élément de culpabilité.

Où va-t-on trouver cette intention de M. de Flers ? Comment a-t-on voulu la prouver ? Je ne puis pas me dispenser, quoique je n'en fasse pas l'objet de conclusions précises, de parler des moyens à l'aide desquels on a cherché à surprendre M. de Flers pour le traduire devant vous.

Le premier moyen qui a été employé le 22 juillet 1861 a été de se transporter à la poste. On avait été prévenu, je ne sais comment, je ne le recherche pas.... que, dans la matinée, M. de Flers avait écrit une lettre et l'avait confiée à la poste. On s'y est transporté, on l'a saisie ; on l'a portée à la préfecture de police, où on l'a ouverte sans avoir pris la précaution d'appeler M. de Flers pour être présent à l'ouverture de la lettre qu'il avait écrite et qu'on avait saisie.

Le second moyen auquel on a eu recours a été ce que j'appellerai une invasion du domicile de M. de Flers : on s'est présenté chez lui avec un mandat de perquisition décerné par M. le préfet de police. Là, on a saisi tout ce qu'il y avait de papiers, de documents de toute nature. ON A TOUT EMPORTÉ SANS AVOIR DRESSÉ AUCUN PROCÈS-VERBAL, et ce n'est qu'arrivé je ne sais où, à la préfecture de police sans doute, qu'on a rédigé un procès-verbal quelconque des documents qu'on avait saisis.

Je ne puis m'empêcher de m'expliquer sur ces deux manières de procéder. Si je n'en fais pas l'objet de conclusions expresses, c'est parce qu'en dehors même des lettres saisies à la poste, en dehors de ce qu'on a pris chez M. de Flers, on prétend avoir des documents que je suis obligé de discuter. Mais je m'estimerais heureux si je pouvais obtenir, par les quelques observations que je vais soumettre à la Cour, que dorénavant on procédât avec quelque régularité lorsqu'on voudra se procurer les éléments d'une accusation difficile à se justifier.

Quant à la saisie à la poste, je ne reviens pas sur une contestation que nous avons agitée devant les tribunaux il y a quelques années. Nous avons soutenu que M. le préfet de police n'avait pas le droit de saisir une lettre et de l'ouvrir. Nous avions cru que ce droit n'appartenait qu'à une instruction commencée, et qu'avant l'instruction commencée il y avait un danger immense à donner à tout officier de police judiciaire, agissant en vertu de mandats ou du préfet de police à Paris, ou des préfets dans les départements, le droit d'aller à la poste, de se faire délivrer toutes les lettres qui y sont, de les ouvrir à son gré. Nous avions eu l'avantage de voir cette doctrine consacrée par un premier arrêt de la chambre criminelle de la Cour de cassation, sous la présidence de M. Laplagne-Barris. Mais la Cour de renvoi n'a pas adopté l'opinion de la section criminelle, et les chambres réunies ont déclaré que M le préfet de police avait le droit que nous lui contestions.

Quelle qu'ait été la décision des chambres réunies, je ne puis me rendre, après la lecture la plus attentive de leur arrêt, à la déclaration de principes qu'elles ont entendu faire, et suis loin de croire qu'elles aient placé la question hors de toute controverse pour l'avenir. La Cour de cassation s'est fondée en premier lieu sur ce que l'article 10 du Code d'instruction criminelle donne au préfet de police à Paris et aux préfets des départements le droit d'employer tous les moyens possibles « *de faire tous actes nécessaires* » pour constater les crimes, délits, contraventions. Elle en a conclu qu'il y a là une faculté illimitée et que, par conséquent, les préfets peuvent donner à tous officiers de police judiciaire le droit d'aller saisir les lettres qui sont à la poste.

Il me semble que lorsque l'article 10 du Code d'instruction criminelle a dit : *tous actes nécessaires,* il a entendu qu'on s'arrêterait devant les actes qui sont prohibés par la loi, et même devant des priviléges qui sont reconnus par la jurisprudence elle-même. Ainsi, quelque acte nécessaire que puissent faire les officiers de police judiciaire, ils ne peuvent pas venir dans mon cabinet saisir les lettres que mon client m'a confiées.

De même, quand l'article 187 du Code pénal a interdit, sous peine de prison et d'amende, à tout fonctionnaire public, car c'est pour les fonctionnaires publics que le Code pénal l'interdit, d'aller saisir et ouvrir les lettres à la poste, il a mis une barrière, une limite, au pouvoir donné aux officiers de police judiciaire par l'article 10 du Code d'instruction criminelle.

La Cour de cassation, chambres réunies, a ajouté ce second motif que le principe incontestable du secret des lettres n'est pas applicable aux correspondances par lesquelles s'ourdissent ou se commettent les atteintes portées à la paix publique, à la propriété, à la sûreté des citoyens.

Je vois bien un mot qui consacre le principe du secret des lettres, mais je le vois aussitôt appliqué de telle manière que je ne reconnais plus le principe lui-même, et qu'il disparaît avec

l'exception qu'on y apporte; car, quand on va saisir la lettre à
la poste, on ne sait pas encore ce qu'elle contient, ce n'est que
l'ouverture de la lettre qui apprendra si elle constate un crime
ou si elle ne dit rien. De manière qu'au moment où vous la
saisissez, vous ne savez si elle est innocente ou coupable. Elle
peut être innocente aussi bien que coupable ; on donne en réalité aux préfets le pouvoir illimité d'aller à la poste, quand ils
le veulent, et, sous prétexte de saisir des documents relatifs à
un crime quelconque, commis en un lieu quelconque, de prendre à la poste toutes les lettres qu'ils veulent prendre, sauf ensuite à les rendre s'ils ont eu le malheur de se tromper, et si
les lettres ne constatent que les relations les plus innocentes et
les plus honorables de la famille ou de l'amitié.

Voilà comment l'arrêt des chambres réunies, par le pouvoir
illimité qu'il reconnaît aux préfets, arrive à anéantir le principe
incontestable du secret des lettres, tout en ayant l'air de lui
rendre hommage. Ce n'est pas tout : lorsqu'on a reconnu au
préfet de police le pouvoir de saisir à la poste des lettres, on
s'est exposé à voir négliger, fouler aux pieds toutes les précautions, toutes les mesures dont la justice s'entoure quand elle est
conduite à ces nécessités. Permettez-moi de vous le montrer par
un de vos arrêts mêmes.

En 1836, la Cour devant laquelle j'ai l'honneur de plaider
a eu à statuer sur une instruction qui avait été faite par
M. Zangiacomi contre M. Raspail, et, dans cette instruction,
M. Zangiacomi avait été obligé de s'éclairer par des lettres saisies à la poste. La Cour établit d'abord le principe que le juge
d'instruction avait le droit de prendre connaissance des lettres,
et ensuite elle dit :

« Considérant, au surplus, que l'ouverture des lettres dont il s'agit
a eu lieu en présence du sieur Raspail, ainsi qu'il le reconnaît lui-
même dans sa requête, *après demande à lui faite de consentir à cette
ouverture;* qu'ainsi M. Zangiacomi ne s'est pas rendu coupable, etc... »

Vous voyez les précautions, les garanties que prend la justice : appeler le prévenu à l'ouverture de la lettre, lui demander même, M. Zangiacomi a été jusque-là, la permission de l'ouvrir. Je veux bien qu'on n'aille pas jusque-là, mais toutefois, doit-on n'ouvrir la lettre qu'en présence de celui qui l'a écrite. Eh bien ! dans la cause que trouvons-nous ? Deux agents de la police réunis dans un cabinet ; l'un d'eux apporte une lettre saisie à la poste, une lettre devenue sacrée par le cachet dont elle est revêtue, et il ne leur vient pas à la pensée que M. de Flers est à quelques mètres d'eux, dans Paris, et qu'ils doivent, sachant que c'est lui qui a écrit la lettre, faire ce que la justice aurait fait, vous le voyez par la conduite du juge d'instruction dans l'affaire de 1836, appeler M. de Flers, le mettre en mesure d'être présent à l'ouverture de la lettre et de s'assurer qu'elle est ouverte fidèlement.

L'utilité que je trouverais à ce qu'on exigeât de la police ces précautions, c'est qu'alors, dans une instruction ainsi faite, on pourrait être sûr qu'on a toutes les lettres saisies à la poste ; qui me garantit, au contraire, que la lettre qui vous est représentée est la seule qui ait été saisie à la poste ? Pourquoi n'y en aurait-il pas d'autres ? Comment le savoir ? Et, dans une instruction comme celle-ci, quand il s'agit d'arriver à une condamnation, est-ce que tous les détails de la procédure, depuis le premier mot, ne doivent pas être connus ? Est-il permis au préfet de police à Paris, et aux préfets dans les départements, de communiquer à une instruction, qui ne produit devant vous que ce qu'elle a reçu, une lettre dans laquelle il croit voir des indices de délits, et de retenir celles que, par les mêmes procédés, par les mêmes moyens, en l'absence du prévenu, il peut avoir saisies et ouvertes à la poste.

Voilà le premier moyen qui a servi à trouver des preuves de la culpabilité de M. le marquis de Flers.

Voici quel est le second.

Je ne conteste pas que, dans l'intérêt de la répression, on n'ait le droit d'entrer dans le domicile d'un citoyen, de re-

chercher tous ses papiers et de prendre ceux qui peuvent servir
à la démonstration et à la constatation des délits. On donne
pour cela des mandats de perquisition; ce qui veut dire que,
dans les papiers qu'on trouve au domicile d'un prévenu, on
recherchera, on prendra ceux qui peuvent servir à la constatation du délit, et on laissera de côté tous ceux qui n'ont pas ce
caractère. C'est ainsi que fait la justice, et j'aime encore à
m'autoriser des règles qu'elle suit et des exemples qu'elle donne,
pour signaler les procédés de la police contre M. de Flers.

Voici comment s'exprime M. Faustin-Hélie, et son opinion est
celle de M. Calloz, de Carnot, dont on parlait tout à l'heure, et
de tous les jurisconsultes qui ont écrit sur le Code d'instruction
criminelle :

« Les formes (1) de saisie, dans le cas de flagrant délit et dans les
cas ordinaires, sont identiques.

» Une première règle est que le juge doit dresser procès-verbal de
toutes les opérations relatives à la saisie; l'article 35 du Code d'instruction criminelle le prescrit formellement : « Il dressera du tout
procès-verbal. » Cette pièce est d'une grande importance : les effets
saisis étant des pièces de conviction, c'est-à-dire étant destinés à faire
preuve, il importe que toutes les circonstances qui se rattachent à
leur existence soient soigneusement relevées.....

» Une autre règle est que le prévenu qui doit être présent à la
perquisition doit, à plus forte raison, être présent à la saisie. Il importe, en effet, qu'il puisse expliquer l'origine des effets saisis, les
causes de sa possession, les motifs de l'état de ces objets et leur relation avec les faits. L'art. 35 dispose, en conséquence, que le juge
interpellera le prévenu de s'expliquer sur les choses saisies qui
lui seront représentées, et que le procès-verbal sera signé de lui ou
que mention sera faite de son refus.....

» Enfin une troisième règle est que le juge doit prendre toutes
les mesures propres à assurer l'identité des choses saisies, de manière
que toute altération de ces choses et toute substitution d'un objet à
un autre soient impossibles. Tel est le vœu des art. 38 et 39 que
l'art. 89 a rendus communs au juge d'instruction...

(1) M. Faustin-Hélie, *Instruction criminelle*, t. V., p. 519 et suiv.

« Il suit de là : 1° que tous les objets saisis doivent être exactement décrits et inventoriés; la description ne doit pas se borner à les
mentionner par la dénomination qui les qualifie; elle doit constater leur état au moment de la saisie et toutes les circonstances
qui les rattachent à la perpétration de l'action; 2° que les mêmes
objets doivent être clos et cachetés, soit enfermés dans un vase ou
dans un sac que le juge scelle de son sceau. Cette double précaution
a paru nécessaire au législateur pour que l'identité des pièces de
conviction ne puisse être ultérieurement attaquée par le prévenu. »

Telles sont les formalités auxquelles la justice est assu-
jettie.

Comment a-t-on saisi les papiers de M. de Flers? On est arrivé chez lui; on a pris tout confusément; on n'a fait devant
lui aucune description, on n'a dressé devant lui aucun procès-
verbal; on ne lui a demandé de parapher aucune pièce, de si-
gner aucun procès-verbal, puisqu'on n'en faisait pas, et on a
emporté tous les papiers qu'on saisissait chez lui.

Je sais bien que M. le conseiller instructeur a demandé à
M. de Flers s'il remarquait quelque lacune dans les papiers qui
se trouvaient au dossier de la poursuite. M. de Flers a examiné
ses papiers, comme il pouvait le faire après un interrogatoire
de sept heures. Il a répondu que, pour le moment, il lui
paraissait qu'il manquait quelques lettres de M. de Cavour
et quelques-unes de M. de Montalivet, mais qu'il lui était
impossible de désigner exactement quant à présent les papiers
qui lui manquaient. Il les a vus depuis dans une communication que M. le procureur général a bien voulu m'en faire.
M. de Flers déclare que les papiers fournis à l'instruction par
la police ne sont pas tous ceux qui étaient chez lui. Par exemple, M. de Flers est intimement lié depuis son enfance avec
M. le comte de Montalivet; il avait une correspondance très-volumineuse de M. de Montalivet. Elle commence, dans les lettres
qu'on a produites à l'instruction, en 1848, se continue en 1849,
1850, 1851; elle s'arrête ensuite tout d'un coup pour laisser
place à quelques lettres de 1855, et à partir de 1855, on ne trouve

plus qu'une lettre, écrite en 1861. M. de Flers se rappelle parfaitement qu'il avait conservé chez lui une correspondance qui était, je ne dis pas de tous les jours, mais de toutes les semaines ou de tous les mois entre M. de Montalivet et lui. Il demande pourquoi cette correspondance n'a pas été remise à M. le procureur général.

Quant aux lettres de M. de Cavour, on en a produit **TROIS**. M. de Flers, qui était très-lié avec M. de Cavour, comme je le dirai tout à l'heure, en avait gardé **CINQ OU SIX**. Il est parfaitement sûr qu'il y en avait plus de trois, et, en particulier, il se rappelle le sujet de quelques-unes des lettres qu'il avait gardées à raison de l'importance et de l'intérêt même du sujet que ces lettres traitaient, et ces lettres manquent au dossier. Veuillez, Messieurs, vous demander à vous-mêmes si, lorsqu'on a une correspondance assez étendue qui, chaque année, s'ajoute à celle des années précédentes, on peut avoir la mémoire assez fidèle pour se rappeler toutes les lettres qu'on a reçues depuis dix ou douze ans, et vous ne serez pas étonnés que M. de Flers n'ait pas été plus affirmatif et plus précis dans son interrogatoire. Cependant, dans une affaire comme celle qui vous occupe, il serait important, car c'est le moyen de connaître les véritables sentiments de M. de Flers, d'avoir scrupuleusement toutes les correspondances qui étaient chez lui. Il fallait, dans cette affaire plus que dans toute autre, constater la nature de toutes les pièces qu'on saisissait, et je ne comprends pas qu'une accusation puisse s'organiser avec des pièces qu'on a emportées hors du domicile du prévenu, **QU'ON A CHOISIES HORS DE SA PRÉSENCE**, et qu'on a produites selon le caprice ou la passion dont on était animé.

Voilà les deux observations préliminaires que je voulais vous soumettre, observations auxquelles j'attache de l'importance, car vous ne perdez pas de vue que, dans une affaire de cette nature, vous avez à combiner toutes les manifestations de la pensée du prévenu. M. le procureur général l'a dit, ce que vous avez à rechercher, c'est la pensée de M. de Flers. Où la cherche-t-on ? Dans quelques-unes des lettres arrêtées à la poste ou saisies chez lui. Je dis que c'était dans l'ensemble de la correspondance, qu'à l'improviste, sans que le prévenu ait eu le temps de prendre ses précautions, on était venu saisir chez lui, que vous auriez pu trouver toute sa pensée, sa pensée fidèle et complète, et qu'elle vous échappe parce qu'on n'a observé aucune des formalités protectrices prescrites par la loi en faveur du prévenu.

Après avoir soumis à la Cour ces deux observations qu'il était de mon devoir de lui soumettre, et que je crois l'une et l'autre parfaitement solides, je vais aborder l'examen de ce qui peut constituer le délit qu'on impute à M. de Flers, et, puisqu'il le faut, je prends les seuls documents qui aient été produits, réduit à ne pas parler même de ceux que M. de Flers pourrait indiquer à la Cour, mais qu'il ne peut plus rapporter.

On reproche à M. de Flers d'avoir entretenu à l'étranger des correspondances, dans le but d'exciter au mépris et à la haine du gouvernement de l'Empereur.

Qu'il ait eu des correspondance à l'étranger, il l'avoue, et, sur la demande qui lui en a été faite par M. le premier président à cette barre, il l'a formellement déclaré. Je dois dire à quelle époque elles remontent. M. de Flers ne les avait pas eues avant 1848. Dans le courant de cette année, la Cour peut se rappeler que, par une mesure arbitraire et regrettable, M. de Flers fut privé de ses fonctions à la Cour des comptes, en même temps que le premier président de cette Cour, qu'un conseiller maître, que neuf conseillers référendaires, dix autres étant admis à faire valoir leurs droits à la retraite. Je pourrais montrer à la Cour jusqu'à quel point le coup qui avait frappé M. de Flers avait été sensible à tous ses collègues à la Cour des comptes, en mettant sous ses yeux les témoignages de regrets adressés par la Cour des comptes elle-même à M. de Flers. Un gouvernement plus juste et plus modéré l'a rappelé à reprendre le rang qu'il occupait.

C'est pendant cet intervalle, et après qu'il eut perdu ses fonctions de conseiller référendaire à la Cour des comptes que M de Flers, au milieu de nos troubles de 1848, engagea une correspondance avec M. de Cavour, avec lequel il est toujours resté particulièrement lié. M. de Cavour, à cette époque, n'était pas le grand ministre que l'Europe a connu depuis. Il était le rédacteur d'un journal appelé *le Risorgimento*. Il reçut de M. de Flers quelques lettres, en fit son profit, demanda une correspondance régulière, et M. de Flers, qui n'avait pas de fortune, qui avait perdu sa place à la Cour des comptes, consentit à recevoir, comme tout autre écrivain, la rémunération de son travail. Depuis cette époque jusqu'à la fin de 1860, M. de Flers a continué ses correspondances et, non pas par leur exagération, comme l'a dit M. le procureur général, mais par leur parfaite modération, elles avaient acquis un tel succès que, peu à peu, il lui a été demandé de correspondre avec la *Gazette des postes de Vienne*, avec la *Gazette d'Augsbourg*, avec un journal de Hambourg, et plus tard avec les journaux l'*Indépendance belge*, le *Journal de Dresde* et le *Journal de Genève*.

Sur les premières correspondances de M. de Flers, je veux indiquer à la Cour le motif des conclusions que j'ai prises devant elle. Dans la citation donnée à M. de Flers, on indique, avec très-juste raison, qu'on ne poursuit que les faits antérieurs de moins de trois ans aux poursuites dirigées contre lui. Je fixe le premier acte de procédure à la perquisition faite chez lui, je le fais remonter aussi loin que possible, la Cour le voit, au 24 juillet 1861. Par conséquent la citation elle-même ne poursuit que les faits, les intelligences, et, pour traduire ce mot comme M. le procureur général, les correspondances antérieures au 24 juillet 1858.

Il y a d'ailleurs une autre raison pour qu'on ne puisse pas parler des correspondances antérieures, du moins de celles antérieures au 27 février 1858; c'est que le délit pour lequel M. de Flers est traduit devant vous est un délit créé par la loi du 27 février 1858, et que je n'imagine pas que la loi du 27 février 1858, qui, pour la première fois, a inscrit dans nos lois de répression le délit prévu dans son article 2, puisse s'appliquer à des manœuvres, à des intelligences et à des correspondances qui auraient eu lieu avant sa date. Donc, à raison, soit de la prescription de trois ans, soit des termes mêmes de la citation, soit de la date de la loi (en réservant à ce dernier point de vue le temps écoulé du 27 février au 24 juillet 1858), tout ce qui est antérieur au 24 juillet 1858 ne peut évidemment pas être l'objet de la poursuite dont vous avez à connaître.

Eh bien ! tout à l'heure, lorsque M. le procureur général cherchait à montrer quel était l'esprit des correspondances que M. de Flers entretenait avec l'étranger, quels documents invoquait-il ? C'était des lettres écrites par un Allemand dont je ne puis pas prononcer le nom, mais qui est propriétaire, à ce qu'il paraît, de la *Gazette des postes de Vienne* ; c'étaient des lettres, écrites par le directeur de la *Gazette d'Augsbourg*, et ces lettres, comme toutes celles d'ailleurs que le ministère public a citées au commencement de sa discussion pour indiquer l'esprit général de la correspondance de M. de Flers, sont de 1851, de 1852, et les plus récentes de 1855. Je les repousse toutes également. Quand même M. de Flers aurait eu à cette époque le tort qu'on lui reproche, ce qu'il n'admet pas, cette époque est complétement étrangère à la poursuite qu'on exerce contre lui. Nous demandons à la Cour de rejeter tous ces documents qui n'auraient pas même dû être saisis, et d'en ordonner la restitution.

S'il fallait les examiner, y trouveriez-vous, comme on l'a dit tout à l'heure, l'indication des sentiments hostiles de M. de Flers ? Il repousse énergiquement tout d'abord l'incrimination d'avoir, après la mort de Mgr Sibour, écrit une lettre dans laquelle il aurait attaqué ce prélat. Il déclare que jamais il n'est entré dans ces sentiments, et quiconque connaît M. de Flers le croira , d'écrire sur le compte de Mgr Sibour les paroles qu'on lui impute. Il y a eu une méprise évidente dans le travail de police où M. le procureur général a lu cela. Il ne pouvait venir à la pensée de cet homme d'honneur de venir sur la tombe à peine fermée de Mgr Sibour, écrire à un journal étranger des insultes contre sa mémoire.

De quoi se prévaut-on encore? d'une lettre qui a été écrite, je crois, en 1855, dans laquelle on dit à M. de Flers que la cour de Vienne aime les cancans politiques, d'une lettre dans laquelle on le rappelle à plus de modération, enfin d'une lettre dans laquelle on lui écrit qu'il se livre à trop de personnalités, lettres toutes antérieures de beaucoup à 1858.

Quant aux personnalités, il faudrait que la prévention indiquât ce qu'elles sont. Est-ce envers des individus dont on peut parler, mais dont il vaut mieux ne pas parler ? Est-ce envers le chef du gouvernement ? Vous ne le dites pas, et M. de Flers peut s'être livré à quelques personnalités sur des personnages importants de la finance, de la politique ou de l'armée, sans que, pour cela, il y ait excitation à la haine ou au mépris du gouvernement.

On l'engage à plus de modération ? Sur quoi? Cherchez, trouvez. Vous êtes accusateur, vous devez produire. Produisez les lettres écrites par M. de Flers lui-même et non pas les lettres qui lui auraient été adressées. Mais, chose étrange! nous avons au procès des écrits de M. de Flers lui-même, je vais avoir l'honneur de les mettre sous les yeux de la Cour, et ce ne sont pas ceux-là qu'on invoque, qu'on incrimine : mais on va chercher, dans la correspondance de rédacteurs de journaux étrangers, des représentations, des observations, des indications qui tendraient à prouver que M. de Flers se livrait à une violence de langage qu'il n'a jamais connue.

Il proteste, et son caractère proteste, et ses antécédents protestent, et tous ceux qui le connaissent protestent avec lui contre une pareille accusation. Vous verrez tout à l'heure la modération de son caractère constatée par quelques-uns de ses correspondants. Mais je ne m'arrête pas davantage à ses correspondances avec la *Gazette des Postes*, le *Journal de Hambourg*, la *Gazette d'Augsbourg* : elles remontent toutes à une époque de beaucoup antérieure à 1858, car toutes ces relations ont fini en 1856 ; je demande à la Cour la permission de les mettre de côté, non pas arbitrairement, mais pour ces deux raisons qu'elles sont antérieures de plus de deux ans à la loi dont on demande l'application, et antérieures de plus de trois ans au jour où la prescription doit remonter au profit de M. de Flers.

Il reste donc, et c'est là-dessus que doit se concentrer la prévention contre lui, ses correspondances avec l'*Indépendance belge*, avec le *Journal de Dresde* et le *Journal de Genève*, correspondances dont quelques-unes sont postérieures et à la loi du 27 février 1858 et au 24 juillet de la même année. Ce sont les trois correspondances dont j'ai spécialement à vous parler. Mais je tiens à vous dire d'abord que ce crime qu'on fait à M. de Flers, d'avoir été ainsi en correspondance avec les journaux étrangers et spécialement avec les journaux hostiles, a dit M. le procureur général, je tiens à vous dire que ce crime était connu. M. de Flers a la certitude d'avoir envoyé, par exemple, à l'*Indépendance belge*, des communications qui lui venaient du gouvernement français lui-même et qu'on le priait d'adresser à ce journal. Malheureusement il n'a plus ces notes, il les a adressées telles qu'elles lui venaient du ministère aux directeurs successifs de l'*Indépendance belge,* d'abord à M. Perrot, ensuite à M. Berardi, et, quand il a prié qu'on en recherchât les traces, voici la réponse qu'il a reçue de M. Berardi à la date du 13 novembre 1861 :

« Mon cher monsieur de Flers,

» Aussitôt mon retour à Bruxelles, je me suis mis à faire, d'après votre demande, des recherches parmi mes papiers dans le but d'y retrouver quelque chose qui pût venir à l'appui de ce que vous désirez établir et de ce que je sais être parfaitement exact.

» Mais, comme je vous l'avait fait pressentir, il m'a été impossible de remettre la main sur rien. Cela n'a rien d'étonnant, puisque je ne conserve ni la copie qui a servi pour le journal, ni les petits mots particuliers, plus ou moins insignifiants, de mes correspondants.

» Vous comprendrez, mon cher monsieur de Flers, que s'il fallait, en effet, recueillir et amasser tout cela, on en arriverait à se voir obligé de louer des locaux supplémentaires pour loger ces inutilités : aussi tous les journaux font-ils à cet égard comme l'*Indépendance*, et font-ils très-bien.

» Certes, si j'avais pu prévoir que vous viendriez à avoir besoin de quelques-uns de ces mots sans conséquence que vous m'écriviez, j'eusse mis de côté avec soin toutes les parcelles de vos correspondances, mais jamais l'idée ne m'était venue de songer à cela.

» Mais ce que je me rappelle parfaitement, ce que je me rappelle comme si c'était d'hier, c'est qu'à diverses reprises. vous m'avez envoyé des renseignements tout favorables au gouvernement, particulièrement au ministère des finances, et que vous me disiez tenir ces renseignements des membres eux-mêmes du gouvernement.

» Ce sont là pour moi des souvenirs aussi présents que si j'avais sous les yeux toutes vos lettres pour me les remémorer.

» Voilà, mon cher monsieur de Flers, pour ce qui est du temps de ma direction de l'*Indépendance*; quant à ce qui remonte à celle de M. Perrot, il ne me reste de cette époque aucune espèces d'archives, et il est à peu près certain que M. Perrot lui-même n'a conservé de sa direction aucun papier du genre de ceux que vous voudriez retrouver.

» Je regrette donc, mon cher monsieur de Flers, de ne pouvoir, dans cette circonstance, mettre à votre service que mon témoignage; mais ce témoignage, je m'empresse de vous l'offrir, en profitant de l'occasion pour vous renouveler l'assurance de mes meilleurs sentiments.

» Signé : L. BERARDI. »

J'ai dit que M. de Flers, qui envoyait les documents qu'on lui remettait, n'en avait pas retrouvé chez lui. En voici un cependant qui lui a été envoyé du ministère des finances :

« Les journaux se trompent en parlant de la disgrâce de M. Bineau. Il abandonne sa position pour cause de santé. Il emporte avec lui l'affection de l'Empereur, qui a daigné lui écrire de sa main une lettre fort bienveillante. »

On priait M. de Flers de faire parvenir cela à Bruxelles. L'*Indépendance belge* fait foi qu'en effet elle a eu la nouvelle de la lettre de l'Empereur.

Voici encore une lettre d'un personnage qui n'est pas, il est vrai, dans le gouvernement, mais qui y touche de très-près et fait partie du Sénat, M. le prince Joseph Poniatowski :

« Mon cher marquis,

» Rendez-moi un petit service, faites insérer dans l'*Indépendance belge* cette lettre pour prouver que je n'étais pour rien dans les jolies choses qu'on mettait sur mon compte et qui m'ont presque brouillé avec mon ami B.

» Mille remercîments anticipés.

» *Signé :* J. PONIATOWSKI. »

Je cite ce peu de documents que M. de Flers a pu retrouver en vous affirmant en son nom, ce que mille personnes pourraient constater, que tout le monde savait que M. de Flers était un des correspondants et de l'*Indépendance belge*, et du *Journal de Dresde*, et du *Journal de Genève*, et qu'en particulier le gouvernement le savait très-bien.

Quoi qu'il en soit, qu'on le sût ou non, M. de Flers a correspondu avec les directeurs de ces trois journaux. M. le procureur général se demandait d'où venait que, depuis quelques années, ces correspondances ont pris une telle activité dans les journaux étrangers ; d'où venait qu'ils ont, non pas un correspondant, mais plusieurs qui leur envoient les nouvelles les plus secrètes que la capitale peut fournir, quelquefois vraies souvent erronées ?

Vous vous en rendez facilement compte. Le premier motif dont nous n'avons qu'à nous féliciter, c'est l'extrême intérêt que le monde entier prête à ce qui se passe en France, et particulièrement dans sa capitale. Le second, c'est qu'il n'y a plus un seul journal français qui puisse librement donner les récits de cette vie parisienne si intelligente, si active, si animée, et que l'événement le plus important, je ne dis pas même au point de vue de la politique, mais au point de vue de la vie quotidienne de la société, est, à un jour donné, sur un avertissement officieux, effacé sur tous les journaux de France. Voilà pourquoi à l'étranger on demande avec activité les correspondances qui viennent de notre capitale.

On recherchait tout à l'heure quel avait été le motif de M. de Flers. On a trouvé un motif intéressé. L'origine de cette correspondance, le coup qui avait frappé M. de Flers, l'expliqueraient facilement. Si plus tard, réintégré à la Cour des comptes, il a continué, c'est qu'une fois lancé dans cette activité intellectuelle des correspondances politiques on ne s'en retire plus; c'est que, quand on a commencé à écrire, on écrit, on a besoin d'écrire, on veut communiquer sa pensée, on la communique. Il n'y a pas d'autre motif. Blâmez la correspondance même; nous verrons tout à l'heure ce qu'on peut en dire, mais ne cherchez le motif ni dans l'intérêt pécuniaire, sauf à l'origine, ni dans l'intérêt d'un parti. Ce n'était pas un parti qui s'exprimait par la plume de M. de Flers, et je tiens à montrer qu'il n'avait aucune raison pour être inspiré dans sa correspondance par le désir d'exciter à la haine et au mépris du gouvernement de l'Empereur.

(L'audience est suspendue.)

A la reprise de l'audience, Me DUFAURE poursuit en ces termes :

Dans les observations que j'ai eu l'honneur de vous soumettre jusqu'à ce moment, je me suis attaché à rechercher le caractère de la loi, à définir la nature et la régularité des preuves qu'on a recueillies contre M. de Flers. Enfin j'ai cherché à montrer qu'une partie des documents du procès devaient être complétement rejetés et être immédiatement restitués à M. de Flers, car ils auraient dû l'être avant le jour où nous plaidons.

Maintenant j'entre avec M. le procureur général dans l'examen des documents qui incontestablement doivent être maintenus au procès ; j'y recherche si les correspondances de M. de Flers sont, en effet, des intelligences coupables, et je me demande s'il a envoyé ces correspondances dans l'intention de provoquer à la haine et au mépris du gouvernement de l'Empereur, ou de troubler l'ordre public.

Ces documents ont été abordés par M. le procureur général après vous avoir soumis quelques réflexions qui seraient de nature à aggraver, a-t-il dit, la situation de M. de Flers. Il le compare à un soldat qui serait sous les drapeaux, et qui mériterait d'être fusillé s'il venait à trahir la cause sous laquelle il est engagé. Il a prétendu encore que M. de Flers avait trahi M. le comte de Cavour en se faisant le correspondant du maréchal Radetzki. Enfin il a parlé du mystère dont M. de Flers avait enveloppé ses correspondances.

Sous le premier rapport, je demande à la Cour de bien considérer la position de M. de Flers. Dans la correspondance qu'il a envoyée à des journaux étrangers, il n'a été autre chose qu'un homme du monde parcourant les salons de Paris, y recueillant quelques bruits qui, malheureusement pour lui et pour la confiance que ses écrits devaient inspirer, n'étaient pas toujours vrais, et les envoyant de bonne foi. Quant à une position officielle dont il ait profité et abusé pour recueillir des renseignements et les envoyer à l'étranger, jamais il ne l'a eue. De toutes les lettres qu'il a écrites, il n'y en a pas une, et on n'en a pas produit une, dans laquelle vous rencontriez des renseignements que M. de Flers ait pu obtenir par suite de la position officielle qu'il avait dans la magistrature française. Je tiens à repousser cette accusation de félonie qu'il n'a jamais méritée. Il a entendu raconter dans Paris, il a répété dans sa correspondance ce qu'il avait entendu raconter ; mais il n'a pas été un fonctionnaire public abusant de sa situation pour livrer des renseignements dont il aurait eu la confidence. J'insiste sur cette situation particulière et je repousse énergiquement le reproche de félonie qui lui serait adressé.

Je ne dis qu'un mot du reproche que M. le procureur général lui a adressé d'avoir trahi M. le comte de Cavour pour le maréchal Radetzki. C'est un reproche bizarre et sans fondement. M. de Flers est resté lié avec M. de Cavour longtemps après la mort du maréchal Radetzki ; *il n'a jamais eu aucune communication avec le maréchal Radetzki ; il n'a jamais écrit pour lui ni contre lui*, surtout à l'époque où le maréchal Radetzki était en lutte avec le Piémont. *Tout ce qu'on a pu dire à cet égard, il le dément formellement*; et c'est par je ne sais quelle erreur d'induction des pièces qu'il a lues, que M. le procureur général en a tiré la conséquence que M. de Flers avait trahi M. de Cavour.

Il est vrai qu'il a employé des chiffres avec deux journaux, le *Journal de Dresde* et l'*Indépendance belge*. Ces chiffres sont au procès ; la Cour verra qu'ils sont relatifs uniquement aux noms propres de quelques personnes connues dans Paris par leur grande notabilité financière ou politique. Il aimait mieux employer les chiffres que les noms, dans une correspondance qui pouvait tomber en d'autres mains que les mains des personnes auxquelles il l'adressait. Rien n'était plus facile que de découvrir sous ces chiffres ce qu'il avait écrit ; et ce ne sont certainement pas les chiffres qui peuvent empêcher de caractériser par elle-même la correspondance de M. de Flers, au lieu de la caractériser par les indications qu'on prend dans des documents qui lui sont étrangers.

Ainsi, je repousse ces réflexions générales, qui ne tiennent pas directement à la prévention, mais qui tendaient à jeter une couleur défavorable sur le caractère et la nature des écrits de M. de Flers.

Je me demande où se trouvent les intelligences coupables que M. de Flers aurait pratiquées pour exciter au mépris du gouvernement de l'Empereur ou pour troubler la paix publique. Je les cherche surtout dans les documents réunis par l'instruction et que M. le procureur général a bien voulu me communiquer, et ces documents se trouvent naturellement classés, puisque j'ai dit qu'il y avait trois journaux en Europe avec lesquels M. de Flers avait gardé des relations après le 24 juillet 1858, l'*Indépendance belge*, le *Journal de Dresde* et le *Journal de Genève*. Je vais parler à la Cour successivement des relations de M. de Flers avec chacun de ces journaux ; et c'est dans ces relations, telles que l'instruction les constate, que je chercherai si, en effet, les correspondances étaient coupables.

Je parle d'abord de l'*Indépendance belge ;* et le seul nom de ce journal me suffit pour répondre à une autre observation du ministère public. On m'a dit : Pourquoi M. de Flers n'avait-il de correspondance qu'avec des journaux hostiles à l'Empire ?

Comment, hostiles à l'Empire ? Mais l'*Indépendance belge*, que je sache, n'est pas un journal hostile à l'Empire, et c'est pour cela que l'*Indépendance belge* est un journal auquel on s'abonne en France couramment, tout aussi bien qu'aux journaux français.

M. de Flers écrivait donc à l'*Indépendance belge*, et depuis assez longtemps, puisque vous avez vu tout à l'heure, par la lettre du directeur actuel, qu'il avait eu des relations avec M. Perrot, le directeur précédent.

Jusqu'à quelle époque lui a-t-il écrit ? Il n'est pas inutile de le rechercher. Vous trouverez, à la suite du premier interrogatoire de M. le marquis de Flers, des lettres qu'il a déposées et qui constatent qu'en 1861 ce n'était plus lui qui correspondait avec l'*Indépendance belge*. Voici une lettre écrite par M. Berardi au fils de M. de Flers, à la date du 8 janvier 1861 :

« Monsieur le comte,

» J'ai le plaisir de vous adresser ci-joint un mandat de 166 francs qui soldent vos correspondances du mois dernier. Je n'ai rien à ajouter à cet envoi, que l'assurance de mes affectueux sentiments pour vous et pour M. votre père.

» Votre dévoué, etc.

» *Signé :* **BERARDI.** »

.En voici une deuxième du 4 mars 1861, dans laquelle M. Berardi annonce en *post-scriptum* l'envoi d'un mandat de 209 fr. 70 c., soldant la correspondance de février et adressée également au fils de M. de Flers.

La Cour voit par là que, comme l'a toujours dit M. le marquis de Flers dans ses interrogatoires, comme il l'a répété devant la Cour, depuis le commencement de janvier 1861 et même dès le mois de décembre 1860, c'était son fils, et non plus lui, qui correspondait avec l'*Indépendance belge*.

Mais, enfin, il a correspondu avec ce journal depuis le 24 juillet 1858 jusqu'au mois de décembre 1860. Dans cet intervalle qu'a-t-il envoyé d'hostile au gouvernement? Je le demande, et je m'étonne que, dans le réquisitoire que la Cour vient d'entendre, on n'ait pas cité un mot hostile ou agressif qui puisse justifier la prévention. Je dois dire que, dans la procédure, on a produit et noté au crayon rouge avec grand soin une lettre de M. Berardi saisie chez M. de Flers. Puisqu'elle est dans la procédure, et quoiqu'on n'en ait pas parlé dans le réquisitoire, je demande à la Cour de lui en dire un mot, et elle verra à quoi se réduit le seul document indiqué par l'instruction comme pouvant justifier, dans les rapports de M. de Flers avec l'*Indépendance belge*, l'accusation d'hostilité contre le gouvernement français.

Cette lettre est écrite par M. Berardi à M. de Flers à la date du 12 juin 1861. Pour n'être plus à cette époque le correspondant de l'*Indépendance belge*, M. de Flers n'avait pas moins gardé des rapports particuliers avec M. Berardi, qui était son ami d'autrefois, avec lequel il avait toujours eu d'excellentes relations, et voilà comment on a trouvé une lettre de ce dernier dans les papiers saisis au domicile de M. de Flers. En entendant les termes de cette lettre, vous verrez ce qui a trompé les commissaires de police qui l'ont saisie :

« Mon cher Monsieur,

« Dieu me garde de vous trouver absurde... J'ai trop d'expérience des choses politiques pour ne pas savoir que ce qui paraît le plus invraisemblable est précisément ce qui parfois se réalise, et que tous les partis se faisant tour à tour des *illusions* (1), il faut savoir respecter celles de ses adversaires si l'on veut que de leur côté ils respectent celles que l'on se fait. Donc, je vous le répète, jamais je ne me permettrai de traiter *vos espérances* d'absurdes, et je vous sais gré, au contraire, de toujours me communiquer vos impressions, vos opinions, comme je vous communique les miennes. Je crois qu'il y a profit pour nous deux dans cet échange de nos renseignements presque toujours si opposés. Mais avouez que vous avez mal pris votre tour hier pour triompher d'une erreur typographique du *Moniteur*, et tirer un argument si victorieux *pour votre cause.* Le journal officiel a tout simplement mis sur le compte de M. de Morny la fin du discours de M. de Latour. Quand je dis M. de Morny, je me trompe, car ce n'est pas même à lui que le *Moniteur* attribue cette partie du discours du député ultramontain. C'est au président, car le président était non pas M. de Morny, mais M. Schneider. . . . .
. . . .
Mais, permettez-moi de vous le dire, mon cher monsieur de Flers, vous et vos amis êtes si disposés à vous faire les illusions dont je vous parle plus haut, que vous n'avez même pas pris la peine de lire attentivement le *Moniteur*. Cette lecture attentive eût fait crouler tout l'échafaudage de commentaires que vous avez bâtis là-dessus. Non-seulement, en effet, vous attribuez à M. de Morny le langage d'un député clérical, mais....., etc. »

La lettre continue sur le même sujet. L'argument qu'on paraît en tirer est celui-ci : « Vous et vos amis vous vous faites des illusions...; je ne me permettrai jamais de traiter vos espérances d'absurdes.... Vous avez mal à propos invoqué le *Moniteur* dans l'intérêt de votre cause. *Vos illusions, vos espérances, votre cause,* tous ces mots montrent en M. de Flers

---

(1) Les mots en *italique* sont ceux qui, dans l'instruction, ont été soulignés au crayon rouge.

l'homme de parti. » Et on trouve là la preuve que, dans sa correspondance avec l'*Indépendance belge*, c'était cette autre cause qu'il servait, c'était ces illusions qu'il nourrissait, c'était ces espérances d'un chimérique avenir qu'il nourrissait, sur quoi la police rêve un complot.

Si on avait lu plus attentivement, et j'adresserai à ceux qui y trouvent un sujet de reproche précisément les mêmes paroles que M. Berardi adressait à M. de Flers, si on avait lu plus attentivement on aurait peut-être mieux compris. Tout cela se rapporte à une erreur commise, en effet, non pas par M. de Flers, mais par le *Moniteur*. Dans une séance du Corps législatif, M. le vicomte de Latour était à la tribune.... ou du moins... avait la parole, et le *Moniteur* met au compte du président du Corps législatif qui avait plusieurs fois interrompu l'orateur, des paroles qui, en réalité, avaient été prononcées par M. de Latour lui-même. Si l'on croyait le *Moniteur*, ce serait M. le *Président du corps législatif* qui aurait dit :

« Notre épée protége à Rome tous ces immenses intérêts sociaux et monarchiques. J'ai la confiance que la France ne les sacrifiera jamais à la coalition de l'italianisme, de la révolution et du protestantisme.

» L'Italie reconnaîtra bientôt elle-même qu'elle n'aura de repos et de force qu'en renonçant à son rêve d'unité. Je veux donc espérer que le gouvernement impérial sera fidèle à sa mission, à ses engagements, aux traditions de la France, et saura toujours protéger le pouvoir vénéré qu'il défend à Rome. »

C'est probablement, car nous n'avons pas la lettre, sur ces paroles que M. de Flers écrit immédiatement à M. Berardi pour lui dire : Grande victoire ! lisez le *Moniteur !* voilà le président du Corps législatif gagné à notre cause. Quelle était cette cause ? C'était l'opinion catholique de M. de Flers. Ses illusions, ses espérances, quelles étaient-elles ? C'était uniquement que le gouvernement français soutiendrait à Rome le pouvoir temporel du Saint-Siége. Illusions, espérances, cause : tout cela se rapportait à la cause et aux espérances catholiques, et nullement à un parti politique.

Quant à ce premier journal avec lequel M. le marquis de Flers aurait été en correspondance, voilà tout ce que l'instruction vous fournit, absolument tout ; alors je demande : Qu'y a-t-il là qui signale de la part de M. de Flers le mépris et la haine contre le gouvernement de l'Empereur, et qui indique qu'il ait voulu les provoquer à l'étranger ?

Je passe au *Journal de Dresde*. Il était représenté dans ses communications avec M. de Flers par un M. Wiessner. On a produit dans l'instruction des numéros du *Journal de Dresde*, à la date des 1er, 3, 4 juin et 31 juillet 1861. M. de Flers a déclaré que tout ce qui a été écrit dans les mois de juin et juillet 1861 lui était complétement étranger, et il a fait annexer à l'interrogatoire qu'il a subi devant M. le conseiller instructeur, une protestation, ou plutôt, ceci est bien plus positif, une lettre qui lui était écrite par le rédacteur du *Journal de Dresde*, lettre qui va montrer à la Cour quel était, dans le mois que je viens de citer, le correspondant du *Journal de Dresde*. La lettre est du 17 août 1861, datée d'Ems :

« Cher monsieur le marquis,

» Je viens vous demander un petit mot d'éclaircissement. Il était convenu entre M. le comte de Flers et moi que, pendant son absence de Paris, ce serait vous qui m'enverriez pour lui le reçu d'un mandat émis par M. Michel Kaskel, à Dresde, sur M. de Rothschild, et un bon pour 483 francs que je lui avais envoyé au mois de juillet. Ledit reçu ne m'est pas parvenu. Or, puisqu'il est d'importance pour moi de savoir si le mandat en question est arrivé à son adresse, je vous prie d'avoir l'obligeance de bien vouloir m'envoyer ici, où je compte rester jusqu'au 27 du courant, ou un reçu ou un petit mot d'éclaircissement.

» Agréez, monsieur le marquis, l'assurance réitérée de ma haute considération.

» *Signé :* **WIESSNER.** »

Vous voyez à quoi se rapporte cette lettre. Dans les papiers saisis à la poste se trouvait une quittance que M. de Flers envoyait au directeur du *Journal de Dresde*. Comme la police possédait cette quittance, M. Wiessner ne pouvait pas la recevoir, et il écrit à M. de Flers pour lui demander le reçu qu'il attendait de lui, puisqu'il était convenu avec M. le comte de Flers que ce serait son père qui l'enverrait en son absence. Cette lettre montre jusqu'à l'évidence que ce n'était plus M. le marquis de Flers qui était en communication avec le *Journal de Dresde* en 1861 ; que c'était M. le comte de Flers, son fils, que c'était celui-ci qui recevait la rémunération des correspondances qu'il envoyait au *Journal de Dresde*.

Ainsi, pour le *Journal de Dresde*, on ne produit pas un numéro dans lequel il y ait une correspondance qu'on puisse imputer à M. de Flers. C'est pour cela que je n'entre pas dans l'examen des numéros des mois de juin et juillet 1861 quoique j'en aie la copie. Je la mettrais sous les yeux de la Cour que la Cour verrait que dans cette copie même il n'y a rien à reprendre, mais elle ne regarde pas M. le marquis de Flers. Je n'ai pas besoin d'en parler et je ne veux pas inutilement prolonger le débat sur des documents qui y sont absolument étrangers.

Seulement on a produit à l'instruction une liasse de lettres qu'on a prises chez M. de Flers, et qui ont été écrites par M. Wiessner, son correspondant à Dresde. Ces lettres sont au nombre de vingt-deux. Sur ces vingt-deux il y en a vingt qui sont antérieures à l'époque où les poursuites ont pu commencer, et même à l'époque où la correspondance à l'étranger a pu prendre le caractère de criminalité indiqué par la loi du 27 février 1858. De ces vingt, dans lesquelles d'ailleurs il n'y aurait rien à reprendre, je n'ai pas à parler ; je les considère comme en dehors du débat. Il y en a deux seulement qui ont été écrites à une époque postérieure, et à la loi du 27 février 1858 et au jour auquel remonte la prescription. Ces deux lettres sont au dossier, la Cour peut les lire ; elle n'y trouvera rien de répréhensible.

Mais à cela je dois ajouter, parce que cela se rapporte à M. Wiessner, les papiers saisis à la poste le 22 juillet 1861. Ces papiers consistent dans un reçu sur lequel je viens de m'expliquer. Il était envoyé par M. de Flers parce que son fils était absent ; mais la traite était au nom de son fils ; elle a été payée à son fils chez M. de Rothschild. La Cour peut le faire vérifier si elle le veut.

A côté de ce reçu s'est trouvée une lettre écrite par M. Landwehr, son secrétaire, et une lettre écrite par M. de Flers lui-même à M. Wiessner. La lettre écrite par M. Landwehr est une lettre très-longue. Dans son interrogatoire, M. Landwehr a déclaré où il avait recueilli les renseignements qu'il donnait au correspondant de Dresde. Seulement, sur cette lettre qui, avant d'être envoyée, avait été communiquée au marquis de Flers, M. de Flers a écrit en tête de la lettre les mots suivants, qu'il n'a jamais contestés, dont il accepte la responsabilité :

« M. le baron de Vidil et M. de Pontalba viennent d'être rayés du jockey-club.

» L'Empereur a engagé M. de Gramont à retourner à Rome. »

Puis en marge cette autre nouvelle :

« Farini doit être arrivé à Munich. »

En écrivant ces quelques mots, M. de Flers n'a pas cru manquer à la promesse qu'il avait faite à M. le président de la Cour des comptes, et il n'a certainement pas commis une infraction à l'article 2 de la loi du 27 février 1858.

Voilà pour la première lettre.

Quant à la seconde écrite par M. de Flers lui-même à M. Wiessner, c'est une lettre confidentielle car il y dit :

« On ne peut mettre cela dans un journal; mais avertissez M. de B..., ce sera connu avant quinze jours.

Or, je dois mettre cette lettre tout entière sous les yeux de la Cour :

« Voici, cher Monsieur, la quittance pour le trimestre échu.........

Cette quittance dont nous avons tant parlé ;

» Nous sommes dans un grand gâchis.....

C'était toujours relatif aux affaires d'Italie. Dans la plupart des correspondances de M. Flers, c'est de l'Italie qu'il s'agissait, et on a vu l'intérêt pressant, vif, animé, qu'il prenait aux affaires d'Italie.

» Mais l'Empereur persiste dans sa politique et rêve la réconciliation du Pape et de Victor-Emmanuel.....

Jusque-là je ne vois rien de bien injurieux.

» Piétri, son bras droit, a établi son quartier général en Corse pour continuer ses intrigues françaises en Sardaigne. Vous avez vu au surplus, par les discussions du parlement anglais, combien on est inquiet de cela en Angleterre. Je crois savoir que des ouvertures ont été faites à la reine Christine à Vichy pour la cession par l'Espagne à la France des îles de Minorque et de Majorque. A ce prix la France appuiera l'Espagne dans l'occupation de Tanger et de Tétouan; on la tiendrait quitte de la dette de cent millions qui remonte à 1823.

» On dit que la reine Christine a été bien embarrassée. »

Ce que je crois facilement.

Est-ce là exciter au mépris et à la haine du gouvernement? Tout à l'heure on a beaucoup parlé des efforts de M. de Flers pour troubler toute l'Europe, pour inquiéter les souverains sur leurs trônes, pour les animer de sentiments hostiles à l'égard de la France. Pourquoi? Parce que, dans une lettre, M. de Flers aurait parlé de ce qu'on entreprenait à l'égard de la Sardaigne, et également des projets du gouvernement sur Minorque et Majorque. Est-ce qu'il est le premier qui en ait parlé, de même que de la révision des traités de 1815, ce qui était de nature à émouvoir l'Europe plus que toute autre chose ? Prenez les journaux qui passent pour des représentants officieux des opinions gouvernementales. Rappelez-vous la *Patrie*. La *Patrie* a dit en termes formels les vues que le gouvernement français devait avoir relativement à la Sardaigne.

La révision des traités de 1815 a été proclamée comme une nécessité à la tribune du sénat, dans un discours célèbre qui a été publié et affiché, par ordre du gouvernement, dans les trente-sept mille communes de France, et cela bien avant que

M. de Flers n'écrivît la lettre innocente qu'il adressait à M. Wiessner. Comment! ce qui peut être dit ailleurs, ce qui a été proclamé par des voix autorisées, ce qui court le monde de temps en temps, ces bruits qui se répandent et sont recueillis par des organes non pas complétement officiels, mais semi-officiels, quasi-officiels, M. de Flers, en recommandant de ne pas le publier, ne pouvait pas écrire à un ami : Je crois savoir...; j'entends dire...; voilà un bruit qui court...? Ce serait là la preuve d'une intention, d'un projet manifeste d'exciter à la haine et au mépris du gouvernement de l'Empereur?

Certainement la Cour ne verra autre chose dans une pareille lettre que l'habitude prise par M. de Flers de recueillir les bruits qui couraient, et dont la source, on le voit, était quelquefois dangereuse, précisément parce qu'elle était très-élevée, et puis de les transmettre à M. Wiessner, avec lequel à cette époque, comme avec M. Berardi, il n'avait qu'une correspondance d'amitié, et non pas la correspondance qu'il avait eue autrefois.

On ne rapporte donc rien, quant à l'*Indépendance belge* et au *Journal de Dresde,* qui établisse le caractère hostile que l'accusation reproche aux correspondances émanées de M. de Flers.

Sera-t-on, je ne dis pas plus heureux, mais réussira-t-on mieux relativement au *Journal de Genève* ?

M. de Flers, quant au *Journal de Genève*, a également cessé toute correspondance à l'époque où il l'avait promis à M. le premier président Barthe, et vous allez le voir constaté dans une lettre écrite à M. le comte de Flers, par le directeur du *Journal de Genève*, M. Adert. Il est bon de vous dire que le *Journal de Genève* est le journal conservateur de la ville de Genève, et qu'il est rédigé sous l'influence de toutes les grandes maisons de banque de Genève. M. Adert écrivait à la date du 15 juin 1861 :

« Mon cher Camille (M. le comte de Flers),

» L'ami qui vous remettra ce billet y joindra quelques observations de vive voix. Vous me parlez toujours de la réaction napolitaine; je vous dirai 1° que j'ai un correspondant à Naples, de sorte que vous pourrez vous dispenser de me donner de Paris des nouvelles des Calabres. Veuillez, en outre, ne pas perdre de vue que l'Angleterre est la meilleure amie de notre petite Suisse, et que de plus c'est (à mon avis du moins) l'ancre des libertés européennes, et je suis fâché de vous dire que vous me paraissez parfois livré dans vos correspondances à des préventions dont il serait temps (pour des Français sensés) de vous défaire. Votre père y mettait bien autrement de mesure lorsqu'il m'écrivait; le fils me permettra de regretter cette époque, d'autant plus que votre collègue me paraît battre la campagne un peu plus souvent que son tour, politiquement parlant bien entendu. Nous sommes d'assez vieux amis, mon cher Camille, pour que vous ne preniez pas mes conseils en mauvaise part, n'est-ce pas?

» Mille choses affectueuses de ma part à votre père. Il m'avait trop inquiété en me parlant de ses hémorrhagies : heureusement que depuis lors Ernest l'a rencontré et m'a dit qu'il était tout à fait remis. J'en suis bien heureux pour votre excellente mère et pour vous.

» Tout à vous de cœur.

» Signé : ADERT. »

Il y a un post-scriptum :

« Qu'est-ce que ce voyage du roi de Prusse et du grand-duc de Bade au camp de Châlons? Vous ne m'en avez rien dit. »

Cette lettre prouve deux choses. C'est qu'en 1861 ce n'était plus M. de Flers qui écrivait au Journal de Genève. En outre, c'est que M. le directeur regrettait la parfaite mesure que M. le marquis de Flers mettait dans sa correspondance avec lui.

Voilà ce que nous avons à répondre sur les numéros du Journal de Genève produits dans l'instruction. Mais, à la date d'hier, M. le procureur général a bien voulu me communiquer des numéros du même journal publiés depuis le 15 août jusqu'au 1er décembre 1860. On trouve dans ces numéros, qui ont été faits à une époque où M. le marquis de Flers, non pas toujours (son fils commençait déjà à le remplacer), mais enfin souvent, écrivait au *Journal de Genève*, on trouve des choses qui paraissent répréhensibles à M. le procureur général et, si j'ai bonne mémoire, les passages qu'il a cités dans cette correspondance de Paris, se rapportent à la cession à la France de la Ligurie, de la Sardaigne et de l'île d'Elbe, à la révision des traités de 1815 ; à une lettre dans laquelle on dit qu'à Nice l'Empereur aurait été mal reçu et aurait couru des dangers ; et enfin à une lettre écrite de Milan dans laquelle on dit que l'Empereur est perdu.

Je regrette beaucoup que cette liasse de journaux ait été recueillie et adressée si tard à M. le procureur général. Il en résulte qu'ils n'ont pas pu être mis, par M. le conseiller instructeur, sous les yeux du prévenu, qu'on n'a pas pu demander au prévenu s'il reconnaissait être l'auteur des correspondances qu'ils contiennent. Maintenant, en son nom, voici les réponses que j'ai à faire.

Quant à ce qui concerne la cession de la Sardaigne et la révision des traités de 1815, il y est complétement étranger.

Quant à ce qui concerne les lettres de Nice et de Milan, vous pouvez examiner toutes les pièces qui ont été saisies chez lui, vous y verrez qu'il avait des correspondants à Turin et à Naples ; mais qu'il n'en avait ni à Nice ni à Milan, et que, par conséquent, ce n'est pas lui qui a pu recevoir ces nouvelles qu'on lui reproche d'avoir transmises au *Journal de Genève*, lequel du reste a des correspondants directs dans les villes d'Italie.

D'une manière générale, les explications que j'ai à donner à la Cour sur la participation de M. de Flers au *Journal de Genève* sont celles-ci :

Le *Journal de Genève*, ainsi que la Cour l'a vu tout à l'heure dans la lettre écrite à M. le comte Camille de Flers, a plusieurs correspondants à Paris, c'est là un fait incontestable ; j'ai entre les mains une lettre de M. Barmann, ancien ministre plénipotentiaire de Suisse à Paris, dans laquelle il constate qu'il est à sa connaissance parfaite que le *Journal de Genève* a plusieurs correspondants à Paris. Que résulte-t-il de là ? Que le directeur du *Journal de Genève*, quand il reçoit ses correspondances de Paris, les prend, les recueille, choisit ce qu'il veut, les relie ensemble, en fait une correspondance unique, puis la met dans son journal. Maintenant comment procède la prévention ? Elle prend une correspondance tout entière qui émane de deux ou trois correspondants, et elle rend M. de Flers responsable de tout ce qui s'y trouve. C'est un mode d'accusation que je ne puis accepter à aucun degré. M. de Flers se tient pour responsable et accepte la responsabilité de tout ce qu'il a écrit. Qu'on l'interroge sur les lettres du *Journal de Genève*, il dira à la Cour les passages qui sont de sa plume. Mais il ne peut accepter la responsabilité de tout ce qui se trouve dans le journal sous le titre de *Correspondance parisienne*.

Dites lui : Vous avez été imprudent, vous avez envoyé une correspondance et vous saviez qu'elle allait faire corps avec d'autres correspondances, et que vous en deviendriez responsable en quelque mesure. M. de Flers ne croit pas avoir été imprudent ; il était admis qu'il ne répondait que de ce qui portait sa signature ; **IL NE S'EST JAMAIS CONSIDÉRÉ COMME RESPONSABLE DE CE QUI ÉMANAIT D'AUTRUI.** Je ne comprends pas qu'une accusation d'intelligences à l'extérieur pour exciter à la haine et au mépris du gouvernement de l'Empereur, se fonde uniquement sur la correspondance de plusieurs personnes, en attribuant à l'une d'elles, comme solidaire, tout ce que les autres ont écrit. Cette solidarité est contraire à toutes nos lois, je la repousse énergiquement. A aucun degré M. de Flers ne peut l'accepter. Qu'on signale ce qui émane de lui, qu'on l'interroge, il répondra loyalement, et on ne trouvera rien qui sorte des limites de cette modération, de cette mesure que M. Adert reconnaissait en lui dans la lettre que je vous ai lue.

J'en aurais fini si je n'avais à vous parler que de ce qui a été rappelé par le réquisitoire de M. le procureur général ; mais comme il y a d'autres documents joints au procès, comme M. de Flers a été interrogé sur ces autres documents, comme la Cour, en les parcourant, peut en être préoccupée, je tiens à en dire quelques mots.

Ainsi, il y a une correspondance très-volumineuse de Naples. On écrivait de Naples le plus souvent à un ami de M. de Flers, mais quelquefois à lui-même. On a pris chez lui toute cette correspondance ; elle est produite à l'instruction, quoiqu'il n'y ait pas un mot de lui. Mais enfin on trouve dans cette correspondance des choses hostiles quelquefois au gouvernement de l'Empereur, et on paraît vouloir les reprocher à M. de Flers.

Nous ne pouvons pas accepter cela, et même je demande à la Cour de lui faire une indication qui servira à montrer que M. de Flers n'était pas ce correspondant haineux et emporté qu'on signalait tout à l'heure. M. de Flers tenait, comme beaucoup de personnes, à savoir exactement ce qui se passait en Italie. Il recevait quelques lettres de Naples et il en est qui remontent à l'époque où il écrivait à l'*Indépendance belge*, au *Journal de Dresde* et au *Journal de Genève*. S'il avait été animé des sentiments hostiles qu'on lui prête à l'égard du gouvernement impérial, il y a une chose qu'il aurait faite inévitablement. Il aurait pris ces renseignements qu'il recevait de Naples et les aurait envoyés immédiatement à Dresde, à Bruxelles ou à Genève, et dans les journaux de Genève, de Dresde, de Bruxelles nous verrions le retentissement animé, passionné de ce qui lui était adressé de Naples. Je demande à la Cour de faire cette épreuve et de voir si, en effet, M. de Flers, qui avait tous ces renseignements en main, en a fait l'usage hostile qu'il lui était possible d'en faire. Je ne crains pas de dire que la Cour verra tout le contraire.

Permettez-moi d'en donner un exemple. Dans cette correspondance de Naples on parle beaucoup et on donne des détails infinis sur les intrigues qui auraient lieu à Naples pour remettre le prince Murat sur le trône qu'a occupé son père. L'occasion était bonne, si M. de Flers avait été animé de sentiments hostiles, s'il avait voulu troubler la paix de l'Europe ; eh bien, recherchez dans la correspondance qu'il a envoyée à Dresde, à Genève, à Bruxelles, et vous n'y trouverez rien qui se rapporte aux intrigues du parti muratiste. Je pourrais citer de nombreux exemples ; je ne veux pas le faire pour éviter de prononcer des noms propres.

Il y a encore au dossier des lettres que M. Montanelli lui écrivait de Florence pour lui demander s'il voudrait correspondre avec un journal appelé *Nuova Europa*. M. de Flers a répondu qu'il ne correspondait plus. C'était en 1861, après la promesse expresse qu'il avait faite à M. Barthe. Du reste, dans les lettres de M. Montanelli, il n'y a rien à relever.

Enfin on a trouvé chez son secrétaire, M. Landwehr, des notes écrites de la main de M. de Flers, et qui évidemment ont servi à rédiger des correspondances envoyées ensuite à l'étranger. Il était naturel, légitime de consulter ces notes, œuvres certaines de M. de Flers, pour découvrir les sentiments passionnés qu'il nourrissait contre le gouvernement français. Vous lirez ces notes. Il y en a une, et c'est la plus coupable, où on parle d'un bruit qui s'était répandu dans Paris, de la difficulté que la ville de Paris a éprouvée pendant trois jours pour placer des obligations qu'elle voulait émettre.

On y voit encore des réflexions comme celle-ci, que M. de Flers communiquait à son secrétaire : « Note sur un monument élevé en Bretagne. » Le *Times* accusait l'Empereur à cette occasion. M. de Flers l'en disculpe, disant que ce monument a été élevé par une souscription privée.

En voici une autre où, à propos de la conduite de M. Thouvenel, il dit : « L'Empereur tient à faire preuve de modération de ce côté. » C'est toujours relativement aux affaires d'Italie.

De manière que, dans ce qui est bien certainement de M. de Flers, c'est de l'impartialité que vous rencontrez, aucune passion; vous ne trouverez pas, relativement au chef du gouvernement, ni relativement au gouvernement lui-même, un mot écrit de la main de M. de Flers qui ne soit convenable à sa position. Je ne parle pas de sa position de magistrat, mais de la position d'homme de bonne compagnie qu'il tient dans le monde, et d'homme essentiellement modéré dans ses opinions comme dans son langage.

J'en ai fini sur l'examen des faits dans lesquels on voulait trouver les preuves, les indices du moins d'une passion prononcée de M. de Flers tendant à provoquer des troubles en Europe et à exciter la haine contre le gouvernement impérial. Vous le voyez, j'ai passé en revue tous les documents, je n'en ai omis aucun, et si j'ai mis de côté ceux qui sont antérieurs de plus de trois ans à la poursuite, *ce n'est pas que je ne pusse en faire un examen aussi satisfaisant que je ne l'ai fait des documents postérieurs,* mais c'est que je ne veux pas multiplier sans utilité ces fastidieux détails. En examinant ceux qui doivent y être retenus, je trouve des correspondances dont le caractère n'est pas douteux, ce sont les bruits du monde recueillis dans Paris et envoyés à l'étranger.

Je pourrais m'arrêter là si je n'avais un mot à ajouter.

M. le procureur général a insisté sur deux choses : M. de Flers, a-t-il dit, a demandé des concessions de chemins de fer ; M. de Flers a reçu le prix des lettres qu'il envoyait à l'étranger.

Il y a là je ne sais quelle idée de spéculation qui ne convient pas à un magistrat, et peut-être la Cour serait-elle portée, si, comme je l'espère, elle ne reconnaît rien au procès qui ait le caractère d'un délit, à infliger à M. de Flers un blâme pour les deux actes que je viens de rappeler.

Si j'avais à les justifier devant vous, j'entrerais dans quel-

ques détails; je montrerais comment M. de Flers s'est occupé
de concessions de chemins de fer non dans son intérêt, mais
dans l'intérêt de son fils qui n'avait pas de position officielle,
et qui voulait suivre une carrière indépendante. J'expliquerais,
par l'habitude prise dans les premiers moments et très-légi-
time à cette époque, de recevoir le prix de sa correspondance, la rémunération qu'il a continué à recevoir. Mais je me
demande à quoi tout cela conduit; je me demande si ce n'est
pas l'examen d'une question toute disciplinaire, au lieu de
l'examen d'une question correctionnelle ou criminelle. Et lorsque nous entrons sur le terrain disciplinaire, je sens moi-même
que le terrain devient différent, je n'ai plus de prescription à
opposer pour les lettres antérieures de trois ans à la poursuite,
je n'ai plus à me préoccuper de la loi du 27 février 1858, et si
la conduite de M. de Flers avait été blâmable sous quelques
rapports, peu importerait qu'elle eût été blâmable avant la loi
de sûreté générale, ou qu'elle l'eût été depuis; mais je n'ai
pas à traiter ces questions, qui sont, je le répète, purement dis-
ciplinaires. Je ne dis à la Cour que ce seul mot : Si M. de Flers
appartenait à un des corps placés sous sa haute et sage juridic-
tion, je comprendrais que la Cour, tout en l'acquittant d'un
délit qu'il n'a pas commis, pût insérer dans son arrêt un blâme.
Mais M. de Flers appartient lui-même à une Cour souveraine.
A la suite de la prévention portée contre lui, on peut appeler
cette Cour souveraine à s'occuper d'une poursuite disciplinaire
contre M. de Flers; je demande à la Cour de ne pas
anticiper, dans les motifs de son arrêt, sur la décision disciplinaire que la Cour des comptes peut être appelée à prononcer.

M. le Procureur général. — J'aurais besoin de voir les
pièces qu'on vient de lire; il y a des lettres que je n'ai pas, il
y a des pièces qui ne m'ont pas été communiquées : je demande le renvoi à demain.

RÉPLIQUE DE M^E DUFAURE.

Messieurs,

Nous sommes bien d'accord, M. le procureur général et moi;
il ne s'agit pas d'une poursuite disciplinaire, et l'arrêt de la
Cour ne se réduira jamais à un blâme. Ou il y a un délit et il
doit y avoir une condamnation, ou M. de Flers doit être complétement renvoyé de la plainte dirigée contre lui. J'avais ainsi
posé ma conclusion en terminant ma plaidoirie ; M. le procureur général a ainsi posé la sienne, si je ne me trompe, en
terminant son réquisitoire :

M. de Flers a-t-il commis le délit pour lequel il est poursuivi?
Sur la nature du délit, nous arriverons encore assez facilement
à tomber d'accord, M. le procureur général et moi. J'avais dit,
et je veux réparer cette erreur, que la Cour était saisie de la
première poursuite judiciaire qui ait été intentée en vertu de la
loi du 27 février 1858; déjà une poursuite semblable, intentée en
vertu des articles 2, 4 et 5, les mêmes qu'on invoque contre nous,
a été portée devant la Cour de Poitiers; elle est venue jusqu'à la
Cour de cassation ; et relativement au mot *intelligences* qui est
un des caractères du délit puni par l'article 2 de la loi du
27 février 1858, la Cour de cassation s'est exprimée ainsi dans
son arrêt du 11 décembre 1858 :

« Attendu que l'art. 2 de la loi du 27 février 1858 punit d'un
emprisonnement de un mois à deux ans et d'une amende de 100
à 2,000 francs tout individu qui, dans le but de troubler la paix publique ou d'exciter à la haine ou au mépris du gouvernement de
l'Empereur, a pratiqué des manœuvres ou entretenu des intelligences

soit à l'intérieur, soit à l'étranger ; que le sens de cette disposition
est clair ; que les mots dont se sert le législateur, *pratiquer des manœuvres ou entretenir des intelligences* soit à l'intérieur, soit à l'étranger, ont été employés avec la même signification dans d'autres partie de la loi pénale ; *qu'ils indiquent un ensemble de faits ou d'actes,
un concours ou un accord de volontés et d'intentions* qui demeurent
spécifiés par le but coupable auquel ils doivent tendre, soit de troubler la paix publique, soit d'exciter à la haine ou au mépris du
gouvernement de l'Empereur..... »

Ainsi, la Cour se le rappellera, l'arrêt exige un ensemble de
faits ou d'actes, un concours ou un accord de volontés ou d'intentions, dirigés vers un but coupable. J'avais dit à la Cour
qu'on avait tort de se prévaloir de l'assimilation des articles du
Code pénal dans lesquels les mêmes mots de *manœuvres* et
d'intelligences sont employés ; que le but y était tellement déterminé, qu'on ne pouvait pas se méprendre sur le caractère
des moyens.

On me répond : Le but, dans les articles 76 et 77 du Code
pénal, est déterminé et a pu l'être parce qu'il est matériel : livrer
une place forte, un port, engager l'ennemi à entrer sur le territoire, tout cela est clair, précis, et l'on comprend très-bien
que les moyens employés soient déterminés par le but lui-même.
Lorsque le but est purement moral, il n'est pas susceptible de
recevoir dans la loi une détermination aussi précise ; mais est-ce
que pour cela il n'est pas aussi clair qu'un but matériel ? Voyez
le délit de diffamation qui porte atteinte à l'honneur : ce n'est
pas un fait matériel auquel on se livre, néanmoins il est défini
et puni. Il en est de même du but déterminé qui doit être, aux
termes de l'article 2 de la loi de 1858, une condition essentielle
du délit que cette loi punit.

Je demande à signaler une différence entre le délit de diffamation et le délit d'excitation à la haine et au mépris du gouvernement : dans ce dernier cas, on rencontre la difficulté de
déterminer la limite où finit le droit du citoyen, où commence
l'abus ; tandis qu'au cas de diffamation, vous n'avez pas à cher-

cher la ligne qui sépare le droit de l'abus, parce que le plaignant n'est pas, que je ne sache, soumis à la censure publique de celui qui l'attaque. Relativement au gouvernement, les législateurs eux-mêmes ont pris soin de déclarer qu'il y avait à côté de l'abus possible un droit incontestable. N'est-ce pas ce que disaient les défenseurs de la loi, lorsqu'ils soutenaient que le projet n'était pas fait contre ceux qui émettent sur le gouvernement une opinion plus ou moins vive, plus ou moins hostile? Il y a donc une limite que les tribunaux doivent déterminer avec soin, et qui rend difficile l'application de l'article 2 de la loi de 1858. Voilà pourquoi il n'y a aucune assimilation possible de cet article 2, ni avec les articles du Code pénal, qui ont employé les mêmes expressions appliquées à un but tout matériel, ni même avec la diffamation, délit purement moral, comme l'a dit M. le procureur général, mais très-défini, et qu'il assimile mal à propos à l'article 2 de la loi de 1858.

Maintenant je me demande d'après quelles règles on recherchera le délit puni par l'article 2 de la loi de 1858, à quels signes on pourra le reconnaître, et plus le délit est vague, plus il me sera permis de demander que la prévention soit précise dans les preuves qu'elle rapporte. De même, plus on accorde de facilité à la prévention pour se procurer ses preuves, et plus elle sera tenue d'en rapporter de positives, d'incontestables. Tous les moyens, d'après M. le procureur général, lui sont permis. Elle peut aller à la poste et saisir toutes les lettres qu'elle veut; elle peut aller au domicile des citoyens, prendre tous les papiers qui s'y trouvent, et, à l'aide des lettres saisies à la poste et des papiers pris au domicile des citoyens, justifier l'accusation qu'elle porte.

Soit; pour un moment j'admets que vous ayez tous les moyens à votre disposition; vous devez alors rapporter des preuves qui ne puissent laisser aucun doute dans l'esprit des juges auxquels vous demandez la répression. Nous verrons tout à l'heure si ce sont des preuves de cette nature que vous rapportez; mais je ne puis pas accepter que la prévention ait le droit de se prévaloir des documents recueillis comme l'ont été ceux qu'on invoque. J'avais dit qu'une saisie à la poste peut avoir été précédée de plusieurs; comment le saurons-nous, si l'on permet au préfet de police et à ses agents, alors qu'aucun juge d'instruction n'est commis, alors que la justice ignore complétement ce qui se passe, si on lui permet d'aller à la poste et d'y saisir ce qu'il veut, si on ne l'oblige pas même à appeler l'auteur des lettres saisies pour les ouvrir? Au moins faudrait-il, avais-je dit, que nous sachions quelles sont les lettres qui ont été saisies, à quelle époque elles l'ont été, pourquoi on en a choisi une, et si celles que l'on cache ne seraient pas de nature à justifier le prévenu. À cela on me répond: Le préfet de police n'a fait qu'user de son droit. Ce droit, il m'est permis de le contester, il n'y a aucune loi qui me l'interdise. On a parlé de l'arrêt des chambres réunies, j'en avais parlé moi-même: il n'a aucune autorité souveraine; si j'avais trouvé qu'il y eût un intérêt décisif au procès, j'aurais reproduit la question et je me serais permis de demander à la Cour de la juger de nouveau. Mais il ne s'agit que de deux lettres et d'un reçu saisis à la poste; s'il y en a eu davantage, je ne puis les produire. Eh bien, pour ces deux lettres et ce reçu, saisis à la poste le 22 juillet, je persiste à soutenir par des raisons qui n'ont pas été attaquées, je persiste à soutenir que ce droit de saisir ne peut être attribué au préfet et à ses agents, en dehors de toute instruction commencée, avec toute la latitude qu'on y met. J'ai montré qu'avec l'arrêt des chambres réunies, il n'y a aucune limite à ce droit; que toutes les lettres confiées à la poste sont à la disposition des préfets dans les départements et du préfet de police à Paris; que restreindre leur droit à toute lettre servant à constater un délit, c'est établir une limite illusoire; qu'on ne sait, avant l'ouverture d'une lettre, si elle est innocente ou si elle servirait à constater un délit; que même toute lettre est présumée innocente au moment où on la saisit; qu'en définitive, c'est accorder le droit de saisir toute lettre indistinctement, et quand elle est innocente de la faire disparaître : pouvoir exorbitant et d'autant plus dangereux qu'on n'oblige pas même l'officier de police à appeler

l'auteur pour assister à l'ouverture de sa lettre. L'ouverture en
est faite en son absence, et par conséquent on constitue l'officier de police maître absolu de la lettre qu'il a saisie; il la
garde s'il veut, il est même obligé de la garder pour ne pas faire
connaître la saisie faite mal à propos, et il l'envoie à la justice
s'il juge qu'elle puisse servir dans une instruction. Je proteste
contre de telles prétentions, et je ne suis pas le seul. Dans
tous les temps, le principe que je soutiens, ébranlé, je le veux
bien, par l'arrêt des chambres réunies, a été proclamé par
tous les gouvernements qui ont été soucieux de leur dignité.
Voici ce que disait Carnot, le ministre de l'intérieur de Napoléon Ier, dans une circulaire du 8 juin 1815 :

« Je suis informé que, dans plusieurs parties de l'empire, le secret
des correspondances a été violé par des agents de l'administration.
Qui peut avoir autorisé de pareilles mesures? Leurs auteurs diront-
ils qu'ils ont voulu servir le gouvernement et chercher sa pensée? Porter
de pareils procédés dans l'administration ce n'est pas servir l'Empereur, c'est calomnier Sa Majesté; elle ne demande point, elle rejette
les hommages d'un dévouement désavoué par les lois; or, les lois ne
se sont-elle pas accordées depuis 1789 à prononcer que le secret des
lettres est inviolable? Tous nos malheurs aux diverses époques de la
révolution sont venus de la violation des principes, il est temps d'y
rentrer. Vous voudrez bien faire poursuivre, d'après toute la rigueur
des lois, cette infraction d'un des droits les plus sacrés de l'homme
en société; la pensée d'un citoyen doit être libre comme sa personne
elle-même. »

Messieurs, je ne considère pas ces réflexions, quoique je n'en
aie pas fait l'objet de conclusions précises, comme étrangères à
notre contestation. La Cour voudra bien le remarquer, d'après
la nature même du délit qui est imputé au marquis de
Flers, le seul moyen régulier et légal serait de produire tout ce
qu'a écrit le marquis de Flers, de le comparer, d'en rechercher
la portée. C'est dans cettte comparaison, dans cette confronta-
tion de documents émanés de lui, qu'on pourrait voir si, en

effet, il a été poussé par l'esprit de parti à provoquer partout des haines contre le gouvernement de l'Empereur. Eh bien ! s'il y a une autorité en dehors de la justice qui ait le pouvoir d'arrêter des lettres, de les ouvrir, et, quand elle les connaît, de les produire si elle les juge coupables, et de ne pas les produire si elles sont innocentes, je le demande : la condition faite au prévenu par ces détestables pratiques est-elle tolérable ?

Ce que je viens de dire de la saisie des lettres à la poste, je le dis encore de la manière dont la saisie a été opérée chez M. de Flers. Le ministère public me disait tout à l'heure : Mais que demandez-vous de plus que ce qu'on a fait? Vous voulez un procès-verbal? J'en présente un. Vous voulez que les lettres et autres documents soient réunis en liasses et mises dans des sacs particuliers sous cachet? Ils ont été déposés au greffe, où vous avez pu voir classés, en liasses particulières et sous scellés, tous les papiers qui ont été saisis chez M. de Flers; toutes les formalités ont donc été remplies. Vous vous plaignez seulement de ce que, conformément aux habitudes judiciaires constatées si énergiquement par nos anciens jurisconsultes et par M. Faustin-Hélie, on n'ait, ni sur les lettres, ni sur les documents saisis, ni même sur le procès-verbal qui a été rédigé, réclamé la signature de M. de Flers ! Qu'est-ce que cela fait? Avez-vous la prétention de dire qu'on devait vous la demander sous peine de nullité, et que, ne l'ayant pas fait, cette procédure a été irrégulière et illégale ?

Messieurs, elle l'est d'autant plus qu'elle n'a pas eu lieu chez M. de Flers. J'avais l'honneur de le dire à la Cour hier, je le lui affirme encore aujourd'hui, il n'y a pas un procès-verbal qui dise le contraire, il n'y a pas une autorité qui puisse me démentir, pas même celle du commissaire de police; la Cour peut l'entendre, l'interroger, la Cour saura par lui qu'on est descendu chez M. de Flers, QU'ON A SAISI TOUS SES PAPIERS, QU'ON LES A EMPORTÉS, QU'ON A RÉDIGÉ LE PROCÈS-VERBAL JE NE SAIS OU, et que c'est pour cela qu'on n'a pas demandé et qu'on ne pouvait pas demander sa signature, pas plus que son paraphe sur les lettres saisies, de manière qu'il y a eu une monstrueuse illégalité dans la façon dont on est descendu chez M. de Flers pour lui enlever ses papiers. On me dira : Quelle méfiance vous anime? Pourquoi croyez-vous que le commissaire de police qui a saisi les papiers ne les a pas tous compris dans la liasse qu'il a envoyée au juge instructeur? Est-ce que c'est moi qui invente cette méfiance? Toutes les précautions prises par le Code d'instruction criminelle n'en sont-elles pas le produit? Les formalités qu'il prescrit n'ont-elles pas pour but de mettre le magistrat instructeur à l'abri de tout soupçon? Lisez Jousse, lisez M. Faustin-Hélie, ils énumèrent toutes les conditions qui doivent être remplies dans des circonstances aussi graves que celles où on envahit le domicile du citoyen, où on enlève tous ses papiers. Lisez, et vous verrez que toute formalité prescrite est une garantie donnée au prévenu, une précaution prise contre le magistrat lui-même. Ce n'est pas moi qui le dis, ce sont les jurisconsultes de tous les temps, c'est la loi; ce sont les jurisconsultes de tous les temps, même d'une époque où la législation criminelle était bien loin d'avoir fait dans le sens de l'humanité les progrès qu'elle a faits de nos jours. Eh bien! je le répète, pour M. le marquis de Flers, aucune de ces formalités protectrices n'a été observée : **ON A FAIT LOIN DE LUI UN TRIAGE DES PAPIERS TROUVÉS CHEZ LUI, ET ON A ENVOYÉ AU JUGE INSTRUCTEUR CEUX QU'ON A JUGÉ A PROPOS D'ENVOYER.**

Mais on a dit avec raison que M. de Flers, interrogé par le conseiller instructeur sur la question de savoir s'il lui manquait quelques lettres, a répondu qu'il croyait qu'il lui en manquait quelques-unes de M. de Montalivet et de M. le comte de Cavour; puis qu'après une lettre de protestation, interpellé de nouveau, il a répondu qu'il n'avait rien à ajouter. Mais il ne pouvait pas répondre autrement. Qui peut se souvenir de tous les documents qu'il a entassés chez lui depuis dix années? On invoque contre M. de Flers principalement des lettres qui lui auraient été écrites en 1854 et 1855 par le propriétaire de la *Gazette d'Augsbourg.* Quelle est sa situation? Il faut se défendre contre les inductions que l'on en tire; mais pour se défendre, a-t-il chez lui toutes les lettres par lesquelles il pourrait expliquer celles qu'on invoque? S'il les avait, ne trouverait-il pas la clef de toutes les difficultés qu'on soulève, qu'on a réunies à plaisir? Comment pourrait-il avoir gardé le souvenir de toutes les lettres et documents qu'il a reçus? Depuis 1856, c'est-à-dire depuis cinq ans, il n'a plus eu aucun rapport, aucune relation avec le rédacteur de la *Gazette d'Augsbourg*. Ce fait, on ne peut pas le contester, il est établi par l'instruction; et voilà pourquoi ce que M. de Flers a répondu, il le devait répondre, à moins qu'on nous demande à tous d'avoir un inventaire permanent de toutes les lettres que nous recevons dans notre carrière politique ou judiciaire, de tenir cet inventaire à jour, de faire chez nous ces liasses que l'officier de police judiciaire a faites je ne sais où pour les papiers de M. de Flers; de les tenir en état, de manière que, si l'on vient nous demander ce que nous avons chez nous, nous puissions le dire; à moins de cela la Cour comprendra qu'il est impossible que M. de Flers puisse dire quels étaient les documents qui se trouvaient dans ses cartons, confusément emportés par le commissaire de police qui a fait l'invasion du 24 juillet 1861.

J'en ai assez dit sur ce point, la Cour appréciera. Je persiste à soutenir qu'il y a eu une illégalité, et je la signale principalement parce qu'elle a dépouillé M. de Flers d'une partie de la défense qu'il aurait pu présenter pour un délit de cette nature. Et maintenant, j'aborde la preuve qu'on a essayé de faire pour établir que M. de Flers est coupable du délit prévu par la loi du 27 février 1858.

On a parlé de ses antécédents. M. de Flers ne redoute en aucune manière toutes les recherches qu'on pourrait faire sur sa vie privée. Vous en connaissez tous les traits. Il y en a dont on ne vous parle plus : on reconnaît que ce n'est plus à vous qu'on doit en parler. Il y a ces demandes de concessions de chemin de fer; il y a ces relations pécuniaires qu'il avait avec les rédacteurs des journaux étrangers. Il y a ces deux choses, mais rien au delà. Et je laisse cela de côté, parce qu'on a reconnu que ce n'était pas à la Cour à en connaître. Hors de là, qu'avez-vous à dire de ses antécédents ? quels reproches avez-vous à lui faire ? A quelle époque sa carrière n'a-t-elle pas été parfaitement honorable ? Quelle tache a marqué sa vie ?

Vous parlez de lettres saisies chez lui ; vous pouvez les produire. Vous parlez d'*ordures* saisies chez lui ; je voudrais bien qu'on expliquât une pareille expression. Vous faites une confusion. Dans les différentes saisies qui ont été faites, il y a quelques malheureux vers qu'on a trouvés ; mais ils n'ont pas été saisis chez M. de Flers ; et je prie que, dans une accusation de cette nature, on soit précis, afin que la Cour ne puisse se laisser impressionner que par des faits qui soient personnels à celui sur le sort duquel elle est appelée à prononcer, et non pas par des faits qui lui sont complétement étrangers.

Mais, dit-on, nous connaissons maintenant les mobiles de toutes les correspondances de M. de Flers. Hier nous nous sommes trompés ; nous avons cru qu'il n'avait qu'un mobile, celui de gagner les quelques sommes qui lui étaient envoyées par les rédacteurs des journaux étrangers. Nous n'avions pas voulu lui faire l'honneur de croire qu'il était un homme de parti, et que c'était sous les impulsions et les ardeurs d'une cause politique qu'il avait écrit les correspondances incriminées. Mais la nuit porte conseil ! cette nuit nous nous sommes éclairés. M. de Flers est un homme de parti, pas autre chose, et c'est là ce qui l'a poussé à cette haine vigoureuse contre l'Empereur qui s'exhale dans toutes les correspondances qu'il a écrites.

Je ne crois pas que la découverte faite cette nuit par M. le procureur général soit heureuse ; l'explication d'aujourd'hui remplace celle d'hier et ne vaut pas mieux. C'était, disait-on, pour recevoir les honoraires qu'on lui envoyait qu'il était si agressif, et voyez la contradiction ; on prétendait trouver des lettres, soit du rédacteur de la *Gazette d'Augsbourg*, soit du rédacteur du *Journal de Dresde*, dans lesquelles on aurait recommandé à M. de Flers d'être plus modéré, et en même temps la prévention soutenait que c'était pour gagner son traitement que

M. de Flers avait été si animé. M. le procureur général a reconnu qu'en mettant la cause sur le terrain où il l'avait placée hier, il n'y avait aucun compte à se rendre, aucune raison à se donner pour que M. de Flers eût été aussi vif qu'on le suppose dans les correspondances qu'il aurait envoyées : c'était un délit sans motif qu'on poursuivait dans l'audience d'hier ; dans l'audience d'aujourd'hui c'est un délit motivé qu'on veut poursuivre, motivé par les emportements de l'esprit de parti.

J'avais dit hier qu'en effet, dans les notes que le commissaire de police a écrites sur plusieurs des liasses qu'il envoyait à l'instruction, apparaissait l'idée de rattacher l'affaire du marquis de Flers à une cause politique ; particulièrement sur la liasse incomplétement produite des lettres de M. de Montalivet, on avait écrit, que de la lecture de ces lettres, il semble résulter une conformité d'opinion et de sentiments politiques entre M. de Flers et M. de Montalivet et son parti.

Toute la vérité est à dire sur ce point. M. de Flers n'a aucun désir de renier ses affections ni ses opinions ; il a été profondément attaché à la famille royale d'Orléans. Cela est vrai, il est resté fidèle à cette famille même malheureuse et exilée, il ne le conteste pas. Mais qu'il ait été poussé par ces sentiments d'affection et de sympathie pour la famille d'Orléans, jusqu'à commettre le délit qu'on lui reproche, non ; voilà contre quoi il proteste. Il a la prétention d'être animé des mêmes sentiments que ceux à qui il a gardé toutes ses sympathies ; d'aimer son pays comme eux et de mettre la même mesure dans l'expression de son opinion. Mais que cela l'ait conduit à sortir de son caractère, à devenir violent de modéré qu'il est, infidèle au serment qu'il a prêté, lui qui se prosterne devant le respect et la religion du serment !

Ainsi ne parlons pas d'antécédents, il n'y a dans la vie de M. de Flers rien qui vous conduise à croire qu'il ait été coupable du délit qui lui est reproché par la prévention. Il faut qu'on vous rapporte d'autres preuves ; nous les avons demandées hier, nous les demandons encore aujourd'hui au ministère public, et nous sommes obligé, avant d'examiner les détails du procès, de revenir sur une observation que nous avions présentée.

J'avais établi une distinction entre les documents qui étaient antérieurs soit à la loi dont on demande l'application, et qui seule a créé le délit qu'on poursuit, soit au 24 juillet 1858, époque à laquelle remonte le délai de la prescription. M. le procureur général m'accorde qu'on ne peut pas poursuivre M. de Flers à raison des faits qu'il a commis, des lettres qu'il a écrites avant, soit le 27 février 1858, soit le 24 juillet de la même année; il ne conteste pas qu'ils ne peuvent pas être des éléments de la poursuite de la condamnation, ce qui se réduit simplement à dire que vous ne pouvez le condamner pour ce qu'il a fait avant que les actes qu'on lui reproche ne fussent des délits, ou pour les actes que la prescription est venue couvrir. Mais on dit : Si nous ne pouvons les considérer comme des actes coupables, nous pouvons les considérer du moins comme des éléments du débat! Des éléments du débat... Comment! La loi n'a pas d'effet rétroactif, et tous les faits antérieurs au 27 février 1858, quelle que soit leur nature, ne peuvent pas servir à motiver une condamnation.

Tout ce qu'on reproche à M. de Flers, en supposant vraie toute la correspondance qu'on invoque contre lui, ce que je conteste, tout cela ne constitue pas un délit, tout cela pourrait être l'objet d'une poursuite disciplinaire, mais non d'une poursuite criminelle. Et vous prétendez invoquer contre moi, comme éléments du débat, comme moyen direct ou indirect d'apprécier sa culpabilité, des actes qui n'étaient pas coupables, des actes qui étaient parfaitement légitimes lorsqu'ils ont été accomplis! Comment pouvez-vous donc arriver à ce résultat? Comment ne sentez-vous pas une contradiction flagrante dans cette prétention qui, ne pouvant aller jusqu'à demander une condamnation pour des actes innocents, veut en faire un élément de débat? Je dis, au point de vue de la prescription : pourquoi, au bout de trois ans, toute action contre un prévenu est-elle prescrite? parce que le législateur a parfaitement compris qu'après trois ans écoulés, la défense n'était plus libre et entière, que les moyens de défense pouvaient être perdus, que, par conséquent, il fallait mettre un terme à la faculté de poursuivre. Donc, lorsque la loi a fixé arbitrairement, je le veux, à dix ans, la prescription des crimes, et à trois ans celle des délits, c'est pour le prévenu, c'est pour l'honneur du grand principe de la liberté de la défense qu'elle l'a fait. Que deviennent alors ces éléments du débat dont vous entendez vous prévaloir? Ils sont incomplets, la défense n'est plus entière. Je me défendrais autrement si ces documents n'étaient pas si anciens; à côté d'une lettre que vous invoquez, j'en aurais quelque autre qui l'expliquerait. Permettez-moi, Messieurs, d'en prendre un exemple dans les faits mêmes qui viennent d'être rappelés par M. le procureur général.

En 1855, à la date d'octobre, je crois, le rédacteur de la *Gazette d'Augsbourg* écrit à M. de Flers, et lui demande des renseignements sur la situation de notre armée en Crimée. Quant à moi, je suis convaincu que M. le procureur général a grossi, outre mesure, l'importance de cette demande; je suis convaincu qu'elle n'avait pas pour but, comme il le dit, de ruiner l'armée française et d'assurer le triomphe de nos ennemis. Je suis profondément convaincu de cela, mais enfin j'admets l'hypothèse, l'hypothèse coupable.

Cette lettre a été écrite en 1855. Eh bien! M. de Flers affirme qu'il n'y a pas répondu, et qu'à cette époque il a rompu ses relations avec la *Gazette d'Augsbourg*, non pas pour cette phrase que j'ai citée, mais parce que ces relations ne lui convenaient plus.

Comment voulez-vous que je prouve cela? Si nous étions à l'époque, je trouverais les moyens de preuve; mais où les prendre après six ans? Je montrerais que, dans la lettre qui m'a été écrite, la phrase incriminée n'a rien de coupable, ou bien que je n'ai jamais donné les renseignements qu'on me demandait. Comment pourrais-je le faire aujourd'hui? Et ne voyez-vous pas par ce seul exemple, que là s'applique précisément le motif sacré pour lequel le législateur n'a pas voulu qu'après trois ans on pût être poursuivi. Je n'accepte donc à aucun degré la distinction faite par M. le procureur général ; je n'admets pas que des lettres qui ne peuvent pas être un des éléments de la condamnations puissent être un des éléments du débat. Je demande à la Cour de rejeter tout ce qui est étranger aux faits sur lesquels elle aura à statuer. Je maintiens ma proposition, je la tiens dès ce moment pour vraie, et je mets de côté les documents invoqués qui remontent à une époque antérieure au 27 février 1858 et même au 24 juillet.

Quels sont les documents qui restent sous vos yeux, et à l'aide desquels vous pouvez prononcer la très-grave condamnation, grave par le caractère, de celui que vous devriez frapper, grave par les conséquences qu'elle aurait, la très-grave condamnation qu'on vous demande ?

On a saisi à la date du 24 juillet, et cette fois je ne parle que des documents qu'on a mis au procès, on a saisi chez le secrétaire de M. de Flers, des notes écrites de la main de M. de Flers, et envoyées à son secrétaire à l'époque où il pouvait avoir des correspondances avec les journaux étrangers. Vous avez une collection de ces notes ; celles-là nous ne pouvons pas les contester, tandis que les correspondances avec les journaux étrangers qui nous sont attribuées, nous pouvons dire : Elles n'émanent pas de nous. J'avais dit : Consultez-les, au nom du ciel ! M. DE FLERS DEMANDE A ÊTRE JUGÉ SUR SES PROPRES ÉCRITS, NON SUR LES ÉCRITS D'AUTRUI, et je crois que c'est son droit, un droit incontestable, un droit de tous les temps.

Que m'a-t-on dit de tous ces documents que M. le procureur général a dans les mains ? Je suis fâché de le dire, mais il n'en a pas même été parlé, ni dans le réquisitoire, ni dans la réplique que vous venez d'entendre ; le ministère public a omis de le faire. Vous lirez ces notes, Messieurs ; vous y trouverez quelquefois des critiques sur la conduite du gouvernement, ou des bruits recueillis dans les salons de Paris, mais vous n'y trouverez jamais rien qui ait le caractère des publications punies par l'article 2 de la loi du 27 février 1858, rien qui indique que M. de Flers eût pour but de troubler la paix publique, et d'exciter à la haine et au mépris du gouvernement de l'Empereur. Je vous prie, Messieurs, de lire ces notes, et vous verrez le caractère des correspondances que M. de Flers inspirait à son secrétaire. Elles n'ont pas été faites à une époque suspecte ; elles ont été saisies le 24 juillet, dans le domicile de M. Landwehr ; elles n'ont donc pas été imaginées postérieurement pour servir de moyens de défense. Si, comme on vous le demande et comme cela est vrai, votre mission est de rechercher quelle a été dans ses écrits la pensée, l'intention intime et profonde de M. de Flers, c'est là que vous devez la saisir. Vous y trouverez, je le repète, quelques critiques inoffensives, et encore un esprit d'impartialité évident dans certaines circonstances et dans des passages que j'ai mis hier sous les yeux de la Cour. Il me semble que c'est là la première de toutes vos preuves, le premier des éléments du débat, puisque c'est ce qui est sorti de la main de M. de Flers.

Comment se ferait-il que, dans aucune de ces notes, et elles sont nombreuses, par lesquelles il inspirait la correspondance de M. Landwehr, on ne trouve la moindre trace de cette haine aveugle et furieuse qui, dit-on, l'animait contre le gouvernement français ? N'est-il pas évident que nous avons là un type de la correspondance de M. de Flers avec les journaux étrangers, avec les journaux de Bruxelles, avec le *Journal de Dresde,* avec le *Journal de Genève ?*

En outre, on a saisi à la poste une lettre de M. de Flers qui porte la date du 22 juillet, et une autre de son secrétaire sur laquelle il y a trois ou quatre mots de la main de M. de Flers; enfin, lors de l'invasion qu'on a faite de son domicile, on l'a trouvé, déclare mal à propos le commissaire de police, dictant à M. Landwehr une lettre qui n'a pas été lue au débat et que je mettrai sous les yeux de la Cour. On a eu le droit d'invoquer ces documents, je le reconnais sans difficulté. Ils ont tous

un caractère qui les rattache à M. de Flers, puisque l'un est entièrement de lui, que l'autre est revêtu de quelques caractères
de sa main, et que le troisième était écrit par son secrétaire en
sa présence. De ces trois écrits, le premier que je rappelle som-
mairement a été lu tout à l'heure; c'est une lettre qui n'était
pas destinée aux journaux. M. de Flers commence par parler
du rêve de l'Empereur de réconcilier le pape avec Victor-Emmanuel; certes cela n'est pas coupable; puis il parle d'intrigues
tramées pour annexer la Sardaigne, et enfin d'une espèce de
transaction qui aurait été proposée à Marie-Christine pour la
cession des îles Baléares à la France; et le ministère public s'é-
crie : Voyez, la lettre n'a été écrite que pour mettre l'Europe en
feu! Je ne peux pas reproduire toutes les paroles animées que
M. le procureur général a prononcées à l'occasion de cette
seule lettre du 22 juillet; on y parle, a-t-on dit, des îles Baléares, de la Sardaigne, de l'île d'Elbe, de la Ligurie; et on a
déclaré que c'était à l'occasion de cette lettre que des débats
orageux avaient eu lieu au parlement d'Angleterre. Voyez,
Messieurs, jusqu'où l'accusation elle-même peut se laisser entraîner; la lettre parle précisément des débats qui ont eu lieu
au parlement anglais : ces débats sont donc antérieurs à la lettre
de M. de Flers, et à quelle occasion out-ils eu lieu? A l'occasion des articles publiés dans les journaux français, M. Kin-
glake, l'auteur de la motion, rappelait que, lorsque la France
avait annexé la Savoie et Nice, c'était par des préludes sem-
blables que l'Europe y avait été préparée, c'était à l'occasion
d'articles de la *Patrie* et d'autres journaux même moins rappro-
chés du gouvernement que l'Europe avait été agitée, et que le
parlement anglais s'était ému. M. de Flers n'y était pour rien,
et quand il écrivait cela dans la lettre saisie le 22 juillet, on
l'avait dit depuis bien longtemps; c'était un bruit qui avait
couru en Europe je ne sais combien de fois. Cela est si vrai que
je le trouve dans le *Journal de Genève;* à quelle époque? en
novembre 1860, à une époque antérieure de dix mois. Donc,
en écrivant cela le 22 juillet, M. de Flers n'inventait rien, il
rapportait un bruit qui circulait autour de lui, un bruit qui

avait fait l'objet de beaucoup d'articles de journaux, un bruit
déjà commenté dans une partie de la presse française, et particulièrement dans la presse officielle, et discuté au parlement
anglais. Quant à la transaction proposée à la reine Marie-Christine, il disait : *Je crois savoir* que le gouvernement français a
proposé... Je crois savoir... Le fait est-il vrai, est-il exact ? Je ne sais
si dans cette audience il y aurait personne qui pourrait donner
à la Cour une affirmation sur ce point. Ce que je sais, c'est que
M. de Flers ne l'affirme même pas; il rapporte un bruit qui
avait circulé : *je crois savoir...* Voilà tout ce que vous trouvez
dans la lettre du 22 juillet 1861.

Je vous le demande, n'est-ce pas tout exagérer et dans des
proportions incroyables, que de voir une intention déterminée
chez M. de Flers de soulever l'Europe entière, d'ébranler tous
les rois sur leurs trônes et de mettre l'empire français au ban
du monde, lorsqu'il écrivait ces deux paragraphes, en recommandant de ne pas les mettre dans les journaux ? On donne
donc à cette lettre isolée une portée excessive.

Mais il y avait une lettre de son secrétaire sur laquelle M. de
Flers avait écrit quelques mots : j'ai dit hier à la Cour quels
étaient ces mots, et la Cour se rappelle qu'ils étaient parfaitement innocents; M. de Flers avait écrit que M. le baron de
Vidil et M. de Pontalba avaient été expulsés du Jockey-Club. Il
n'y a certainement aucun crime à dire cela. Puis il avait écrit
que l'Empereur avait donné l'ordre à M. de Gramont de retourner à Rome et que M. Farini devait être arrivé à Munich;
tout cela était parfaitement innocent. Tout à l'heure on
disait : Mais la lettre elle-même qu'avait écrite le secrétaire et
qui évidemment avait été dictée par M. de Flers ! Eh bien !
je vais vous faire connaître cette lettre et vous allez voir
quelle est sa culpabilité. Songez bien qu'elle a été saisie à
la poste; que c'était une lettre partant pour aller au correspondant de Dresde, et que cette lettre est encore de nature à montrer l'esprit dans lequel étaient faites les correspondances de
M. de Flers. Cette lettre est longue; il y a des passages abso-

lument étrangers à la France, dont la Cour et le ministère public me permettront de ne pas donner lecture. Il y a un passage relatif à la Russie et à l'Autriche, il y en a un autre relatif au départ de M. de Kisselef; on parle du Monténégro, on parle des affaires d'Allemagne, et dans tout cela il n'y a rien qui se rapporte à la France. Mais voici un passage qui la concerne :

« Nous quittons décidément la Chine et nous n'y laissons provisoirement qu'un corps de 2,000 hommes, le reste reviendra en France, pas entièrement, une grande partie ira en Cochinchine; l'amiral Charner vient de réorganiser le pays et se prépare à rentrer en France. On considère l'établissement des Français en Cochinchine comme tout à fait définitif, et quoique personne n'ait encore rien dit, je crois pouvoir vous assurer que la France a les plus vastes projets de ce côté. Comme elle est soutenue par les sympathies des habitants, je puis presque vous dire que la Cochinchine va devenir une province française. L'amiral Charner a fait tout un plan d'organisation, mais l'Empereur a ses idées tout à fait arrêtées et le travail qu'il fait est, dit-on, fort curieux. Je dois vous faire remarquer que la France n'a aucune espèce d'engagement avec l'Angleterre sur cette question, qu'elle a même toujours refusé de s'expliquer à cet égard lorsque le cabinet Palmerston a voulu l'interroger. D'après les plans que j'ai sous les yeux, on s'occuperait à se consolider dans la province nouvellement acquise. Mais peu à peu on gagnerait du terrain, et je crois pouvoir vous annoncer qu'on saisira la première occasion favorable, aussitôt que les chaleurs seront passées, pour s'emparer de Hué, la capitale de Cochinchine. »

. Voilà ce qu'il y a dans cette lettre que M. de Flers n'a pas rédigée, mais dont il a accepté dans une certaine mesure la responsabilité en y écrivant quelques mots; voilà ce qu'il y a dans cette lettre sur la politique française. Eh bien, quel caractère trouvez-vous à cette correspondance? Est-elle hostile au gouvernement impérial? Elle parle de notre entreprise, elle rend hommage au loyal et vaillant amiral qui l'a si bien conduite. Elle parle des sympathies des populations de la Cochinchine pour la France, des améliorations que nous devons introduire dans ce pays, de l'intérêt que l'Empereur porte lui-même à ces projets ; elle annonce les progrès que plus tard nous aurons à faire dans cette nouvelle province française. Je ne crains pas de le dire, il n'y a rien là qui porte atteinte à la dignité de la France, rien qui attaque son gouvernement, rien qui cherche à troubler la paix de l'Europe. Tout au contraire, l'auteur de cette lettre prend la peine de faire remarquer que le gouvernement français n'a aucun engagement avec l'Angleterre sur cette question, qu'il est libre, que l'Angleterre n'a rien à y voir. De manière que, dans ces expressions de la pensée, naïves, sincères, qui n'ont pas été préparées pour la cause que vous avez à juger, vous voyez marqué le caractère de toute la correspondance du marquis de Flers, caractère auquel il n'a jamais manqué. Il y a encore un passage tout privé relatif à M. le chancelier Pasquier. Je le lis afin qu'on ne m'accuse pas d'avoir omis un seul mot.

« Le chancelier Pasquier va mieux ; malgré ses quatre-vingt-quatorze ans, il a encore résisté à cette dernière crise. C'est son asthme qui l'étouffait, il s'est cru perdu ; il avait même déjà fait remettre une liasse de papiers qui étaient dans son secrétaire à un ami dans lequel il a la plus grande confiance ; mais cet homme de fer a surmonté la crise, et il est mieux.... »

Et puis on parle de la Pologne, il n'est plus question de la France.

Voilà donc cette lettre. Je demande à la Cour de ne pas l'écarter du débat, comme l'a fait le ministère public ; ma pensée n'admet pas que l'on refuse à mon client de le juger sur les propres écrits.

Il y en a encore une dernière que M. de Flers, d'après le commissaire de police, aurait été en train de dicter à son secrétaire au moment où, le 24 juillet, la police a fait sa perquisition domiciliaire. Le fait n'est pas complétement exact ; voici comment il s'est passé. M. de Flers était chez lui, son secrétaire était assis à sa table, et, si je ne craignais de descendre à des détails trop vulgaires, je dirais que M. de Flers se faisait la barbe. Il venait de recevoir une lettre dans laquelle on lui parlait de la Vénétie ; il l'avait lue à son secrétaire, et celui-ci écrivait à côté de lui. Quoi qu'il en soit, ce commencement de lettre saisie est encore un type qui vous permettra d'apprécier le caractère de la correspondance envoyée à l'étranger :

« Monsieur, on me communique des détails assez curieux sur l'organisation révolutionnaire qui existe dans toute l'Europe; un comité insurrectionnel, on le sait, existe à Londres, il s'appelle le Comité insurrectionnel européen : il a des ramifications par toute l'Europe et vient d'adresser ces jours-ci de nouvelles instructions aux sous-comités qui correspondent avec lui. Dans ce moment, tous leurs efforts se portent sur Rome et Venise. L'art. 1.er de ces instructions dit au comité de Venise : Vous ferez tous vos efforts pour désorganiser l'administration et inquiéter l'armée autrichienne; vous empêcherez toute fête et toute démonstration....» (La lettre a été interrompue ici par l'arrivée du commissaire de police.)

Vous le voyez encore, dans cette correspondance qui a été saisie, il n'y a pas un mot, pas un seul mot qui soit animé du double caractère qu'on voudrait trouver dans la correspondance de M. de Flers. Ainsi, j'ai passé en revue les lettres, les notes, les écrits de toute nature qui sont de la main de M. de Flers, je demande à la justice de la Cour de les prendre comme indice de ses sentiments. Je lui ai montré des correspondances très-modérées dans leurs expressions, et j'en ai montré dont l'impartialité va, et je ne l'en blâme pas, jusqu'à approuver des actes de l'Empereur, et ce ne sont pas des écrits préparés depuis que la poursuite est intentée, ce sont des notes antérieures à la poursuite et que la police a saisies. Jusqu'ici donc, et ce sont là les véritables indices qu'on devrait consulter, nous ne trouvons rien, absolument rien qui justifie l'accusation ni les paroles si vives, si amères que prononçait tout à l'heure M. le procureur général. Où trouverons-nous donc la preuve des sentiments si animés qu'on reproche à M. de Flers? Dans les journaux et dans quelques lettres qui ont été saisis chez M. de Flers; les unes sont du directeur de la *Gazette d'Augsbourg*, les autres du directeur du *Journal de Dresde*. Ici se présente, et je ne veux que vous le rappeler, l'observation que je faisais tout à

l'heure; ces lettres sont antérieures aux faits incriminés : elles
ne peuvent donc pas figurer aux débats et doivent être rendues
à M. de Flers. Si d'ailleurs il n'en était pas ainsi, que trouveriez-vous dans ces lettres?

Quels sont les caractères de sa correspondance avec le directeur de la *Gazette d'Augsbourg*? On a parlé d'abord d'une lettre
relative à Mgr Sibour. Que voulez-vous, Messieurs? à la distance où nous sommes des faits, je ne puis que vous répéter ce
que vous a affirmé M. de Flers et ce qu'il est prêt à vous affirmer
encore. Il ne s'agit même plus là du vague et insaisissable délit
de la loi de 1858, mais d'un acte qui répugne profondément
aux convictions de toute sa vie. Il y a eu une confusion relativement à la lettre qu'on cite ; elle n'est pas de lui. On a dû tromper la *Gazette d'Augsbourg*. Il est absolument impossible qu'une
lettre émanée de lui ait contenu sur Mgr Sibour ce que la correspondance qu'on invoque attribue mal à propos à M. de Flers.
Je le répète, cela est étranger au procès, mais serait de nature
à jeter sur le caractère de M. de Flers une couleur odieuse qu'il
n'a jamais méritée, car elle répugne à toutes ses idées, à tous
ses sentiments de foi, de respect, de conviction religieuse. Les
sentiments, les convictions religieuses, ne changent point en un
jour, et l'on peut s'affirmer à soi-même ce qu'on croyait, ce
qu'on pensait il y a six ans, dix ans, vingt ans passés.

On veut que cette *Gazette d'Augsbourg*, à laquelle il a en effet
adressé quelques lettres, qu'on ne rapporte pas, lui ait demandé
des renseignements sur la politique française et particulièrement
sur la situation de notre armée en Crimée. Que veut-on dire
par là? Quels renseignements lui demandait-on? On savait bien
qu'il ne pouvait dire que ce que la voix publique répétait en
France sur le rôle glorieux de notre armée qui combattait en
Crimée; il n'y avait pas deux manières de s'en exprimer.
Qu'en Allemagne, on fût incertain à cet égard, que les correspondances qui venaient de Russie élevassent des doutes sur les
succès que notre armée obtenait en Orient, cela est possible :
je ne serais pas étonné qu'à Augsbourg on connût, moins que

nous ne les connaissions, tous les périls de notre armée, et en même temps la glorieuse énergie avec laquelle elle les surmontait ; je ne serais pas étonné qu'à Augsbourg, sur la foi des correspondances russes, on eût des doutes sur le résultat de la campagne.

Eh bien ! on aurait écrit à M. de Flers : Quelle est la situation de votre armée en Crimée? Et de là *on induit* que M. de Flers s'en va dans les bureaux du ministère de la guerre saisir les états de notre armée, compter nos morts, marquer ce qu'elle a perdu en matériel, en munitions, et puis l'écrire à la *Gazette d'Augsbourg*, pour entraîner la ruine de notre armée française et pour faciliter le triomphe de nos ennemis !

Vous avez lu, Messieurs, vous pouvez apprécier ! Pour nous, je comprends très-bien qu'on se laisse emporter dans l'accusation comme dans la défense; je puis moi-même dans mes appréciations aller trop loin; M. le procureur général est homme, il le peut aussi: à la Cour de nous juger. Que la Cour prenne cette lettre, qu'elle l'interroge, et qu'elle dise si c'était une proposition de trahison qu'on adressait à M. de Flers.

De même, dans quelques autres lettres, on indiquait que le principe du gouvernement français, le suffrage universel était inquiétant pour la puissance autrichienne et bavaroise, et qu'il les troublait. Que voulez-vous ? C'est très-certain, nous n'avons pas à nous le dissimuler, et qu'on l'ait dit, ce n'est pas une parole ennemie , mais la parole d'un homme politique. Qui s'étonnera que l'empereur d'Autriche, parlant du gouvernement français, dise : Il y a là un principe qui est hostile au mien, qui m'inquiète, qui me tourmente, et qui un jour ou l'autre peut être pour moi une cause de trouble. Que M. de Flers, qui a été partisan d'un autre principe, n'ait pas une profonde sympathie pour le suffrage universel, je veux bien l'accorder, mais ce n'est pas un sujet de condamnation, ni la preuve que M. de Flers n'ait écrit que pour exciter à la haine et au mépris contre le gouvernement de l'Empereur.

Voilà tout ce que je veux dire de la *Gazette d'Augsbourg*. Et n'oubliez pas qu'à raison de la distance où nous sommes de cette correspondance, il nous est impossible de fournir tous les documents contemporains qui auraient pu la justifier; ainsi, par exemple, les notes saisies chez M. Landwehr ne remontent pas à six ans de date, et ne peuvent servir à expliquer la correspondance que l'on avait avec la *Gazette d'Augsbourg*.

J'en viens maintenant aux journaux d'une date plus récente, l'*Indépendance belge*; on n'en a plus parlé, on ne pouvait plus en parler. Hier on disait que M. de Flers n'avait des correspondances qu'avec les journaux ennemis du gouvernement impérial; j'ai rappelé qu'il en avait eu avec l'*Indépendance belge* qui n'est point, que je sache, une feuille ennemie. On n'en parle plus, soit! mais M. de Flers n'avait donc pas des correspondances exclusivement avec les journaux hostiles au gouvernement de l'Empereur.

Le *Journal de Dresde*.... M de Flers a eu des correspondances avec ce journal, mais on n'en produit aucune en dehors de la lettre saisie à la poste, et des notes qui ont été saisies chez M. Landwehr dont j'ai parlé, trouvées dans son domicile; et la Cour ne peut pas omettre de remarquer qu'on ne produit rien du *Journal de Dresde*, qu'on n'en a pas fait traduire un seul passage, qu'enfin on n'en a pas cité une ligne qu'on puisse imputer même par solidarité à M. de Flers. On invoque les lettres de M. Wiessner, et toutes les parties qu'on en invoque sont d'une époque à laquelle on ne peut pas remonter, d'une époque antérieure même à la loi du 27 février 1858.

Que trouve-t-on dans cette correspondance? C'est ici qu'on parle d'un double but dans lequel la correspondance de M. de Flers aurait été écrite, une partie étant destinée au journal officiel appelé le *Journal de Dresde*, et l'autre à une feuille non officielle appelée la *Gazette de Leipsick*. On soutient que cette division de la correspondance, entre journaux officiels et journaux non officiels, avait pour but de mettre les articles modérés, prudents, dans le *Journal de Dresde*, et les articles virulents dans la *Gazette de Leipsick*. Eh bien ! Messieurs, la correspondance elle-même, et en particulier la lettre du 14 novembre 1854, qu'on citait, va vous indiquer pourquoi il y avait une partie de la correspondance destinée à la *Gazette de Leipsick* et l'autre au *Journal de Dresde*. Écoutez cette lettre de M. Weissner.

« 4 novembre 1854.

« Relativement à la substance de vos lettres, les anecdotes et les petits faits seront les bien-venus ; car bien graves que soient les circonstances politiques et menacent de l'être encore pendant bien longtemps, il se peut qu'il y aura mainte mi-semaine qui fournira bien peu de politique proprement dite. Du reste, le feuilleton tant du *Journal de Dresde* que de la *Gazette de Leipsick,* offrira toujours assez d'espace pour de pareilles communications. »

Que demandait-on et quelle était la destination de la *Gazette de Leipsick* « pour recevoir des anecdotes et de petits faits ? » J'admets que la lettre écrite par M. Wiessner prouve que plus tard M. de Flers a envoyé à son correspondant de Dresde des anecdotes et de petits faits. Nous en avons un exemple de la main de M. de Flers sur la lettre de M. Landwehr saisie à la poste ; mais, est-ce que vous avez à prouver contre M. de Flers qu'il est coupable d'avoir envoyé des anecdotes et de petits faits ? Non, ce n'est pas ce que nous recherchons. Ce que la Cour demande, c'est la preuve que, soit dans ces anecdotes, soit dans ces petits faits, il y avait des manœuvres employées pour provoquer à la haine et au mépris du gouvernement. Voilà ce que vous ne prouvez pas, ce que vous ne prouverez pas, et ce qu'il faudrait prouver cependant pour justifier votre accusation. Voilà quel était le double but, le partage de la correspondance, correspondance sérieuse pour le journal officiel, correspondance légère pour le journal non officiel, et non pas, comme vous l'avez dit, correspondance prudente pour l'un, correspondance violente pour l'autre. Ce n'est pas moi qui fais la distinction, ce sont les lettres que vous invoquez contre M. de Flers.

Dans ces lettres de Dresde que trouverez-vous encore ? Vous trouverez que M. de Flers employait parfois un chiffre, et j'ai dit en quoi il consistait. Il n'était relatif qu'à des noms propres qu'on aimait mieux indiquer par 1, 2, 3, 4, que de les écrire en toutes ·lettres, parce qu'on ne savait pas en quelles mains la correspondance pourrait tomber. Mais, du reste, dans toute cette correspondance de Dresde, pouvez-vous citer un mot de M. de Flers qui constitue un délit pour lequel vous puissiez le faire condamner ?

Je m'explique ici sur la question de savoir si M. de Flers a continué d'écrire en 1861 dans le *Journal de Dresde* et le *Journal de Genève*. M. de Flers écrivait encore de temps en temps à la fin de 1860 : il a été averti de ne le pas faire par M. le premier président de la Cour des comptes. Il l'a promis, et à partir de ce moment, il n'a plus écrit, où s'il a écrit quelques mots, c'est en l'absence de son fils, ou plutôt il n'a pas écrit, il s'est borné à donner quelques notes à celui qui écrivait pour son fils, à M. Landwehr, qui était devenu le secrétaire de l'un après avoir été le secrétaire de l'autre. D'ailleurs, nous rentrons ici dans la question disciplinaire que nous avons écartée. M. de Flers eût-il continué d'écrire, cela ne constituerait pas un délit, mais un manquement grave à la promesse faite à M. le premier président de la Cour des comptes, cela n'appellerait pas une condamnation, mais une réprimande disciplinaire. De façon que cette question de savoir si M. de Flers a écrit ou non en 1861, n'intéresse pas le débat actuel. Elle peut être grave dans un autre débat ; devant vous et quant à la nature de la poursuite, elle est absolument indifférente. Je rappelle seulement à la Cour que j'ai montré par les pièces annexées à l'interrogatoire de M. de Flers, par les lettres qui ont été écrites et par les reçus qui ont été donnés, que jamais depuis 1860 M. de Flers n'avait rien touché, que ce n'était pas pour son compte qu'il avait donné le reçu saisi à la poste, mais pour le compte de son fils.

J'arrive au *Journal de Genève*. Je n'ai guère, relativement au

Journal de Genève, qu'à répéter ce que j'ai eu l'honneur de dire hier à la Cour et à l'affirmer de nouveau. J'avais dit à la Cour que le *Journal de Genève* avait plusieurs correspondants à Paris et que M. de Flers n'acceptait à aucun degré d'être considéré comme l'auteur de toutes les correspondances que le *Journal de Genève* publie. M. le procureur général a répondu : Cela n'est pas possible. Le *Journal de Genève* est absolument incapable de payer plusieurs correspondants. Il avait assez à faire de donner la somme de 2,000 francs par an , que M. de Flers d'abord, qu'ensuite le comte de Flers, son fils, recevaient de lui. Par conséquent nous repoussons complétement toute idée de correspondance multiple pour le *Journal de Genève*. Et alors, prenant toutes les lettres indiquées comme correspondances de Paris , M. le procureur général y a trouvé des passages beaucoup plus nombreux qu'il n'en avait trouvé hier, contre lesquels il a porté les accusations les plus sévères, les plus graves et, je le dis sans peine pour quelques-uns , les plus méritées. Est-il vrai que le *Journal de Genève* n'ait qu'un correspondant ? Si on ne le prouve pas, toute la dernière partie du réquisitoire de M. le procureur général peut être parfaitement vraie, mais elle ne s'applique nullement au prévenu. Il est certain que, si l'on ne commence pas par prouver que M. de Flers est l'auteur des lettres que le *Journal de Genève* a publiées , une partie du réquisitoire doit être supprimée , et que M. de Flers a le droit de l'écarter du débat. Eh bien ! il était facile à la prévention de justifier que le *Journal de Genève* n'avait qu'un seul correspondant à Paris, et que ce correspondant était M. de Flers. Vraiment, quand on se donne toutes les facilités que la police s'est données pour préparer le débat, on ne peut pas dire qu'il y ait aucune preuve impossible. Comme la poste est complétement à votre disposition, comme vous connaissiez l'écriture de M. de Flers, comme vous saviez quand il avait mis une lettre à la poste, comme enfin vous vous attribuez une sorte de droit de propriété sur *ses* papiers comme sur tous *les* nôtres et la faculté de prendre chez lui tout ce qui peut vous convenir, vous aviez certes tous les moyens de constater quelle était la correspondance que M. de Flers envoyait à Genève. Avec tous ces moyens on aurait dû, et cela seul aurait pu justifier les paroles de M. le procureur général contre le prévenu, on aurait dû se procurer la preuve que le *Journal de Genève* n'avait qu'un correspondant et que le prévenu était ce correspondant : on aurait été légitimement autorisé alors à lui attribuer les lettres de Paris publiées dans le *Journal de Genève*. On ne l'a pas fait, vous le savez ; seulement on a dit : Le *Journal de Genève* est aux abois, comment aurait-il pu payer deux ou trois correspondants ? Je voudrais bien qu'on me prouvât cela. Le *Journal de Genève* est peut-être de tous les journaux de l'Europe celui qui peut compter sur le plus de ressources. Il est le représentant de toute la haute banque de Genève, et certes il y a peu de journaux appuyés sur des capitaux aussi considérables que celui que soutiennent les banquiers de Genève. Qui ne sait que le *Journal de Genève* représente le parti opposé au parti radical qui a pour organe la *Revue de Genève ;* et lorsque cela est de notoriété publique, vous me dites que cette feuille n'avait pas de quoi payer ses correspondants à Paris ? M. Barmann, l'ancien représentant de la Suisse à Paris, a assuré que le *Journal de Genève* avait deux correspondants à Paris ; je suis convaincu, quant à moi, qu'il en avait plus de deux. Seulement je répète à la Cour une observation : on n'avait produit dans l'instruction que des numéros du *Journal de Genève* de 1861, c'est-à-dire d'une époque où M. de Flers ne correspondait plus avec lui, où c'était son fils, M. le comte Camille de Flers. Comptant les écarter du débat par cette seule observation, nous ne nous étions pas occupés de nous procurer la preuve que le *Journal de Genève* avait plusieurs correspondants. Ce n'est qu'à la veille de l'audience que M. le procureur général, qui, lui même, venait de les recevoir du ministre de l'intérieur, nous a envoyé des journaux se rapportant à 1860, et nous n'avions plus le temps de faire venir de Genève la preuve que le journal dont il s'agit avait plusieurs correspondants. Mais la Cour me permettra de lui donner lecture d'une lettre fort inattendue, que l'un de mes jeunes confrères, secrétaire de la conférence des avocats, m'a fait l'honneur de m'écrire hier, après avoir entendu le débat dont la Cour est le juge.

« Monsieur, m'écrit-il, parmi les charges qui pèsent sur M. le marquis de Flers se trouve en première ligne ce fait : qu'il a écrit pendant un temps plus ou moins long la correspondance de Paris du *Journal de Genève*. Pour que cette correspondance pût être un délit personnel il faudrait avant tout qu'elle ne fût pas une œuvre collective. Or, il est à ma connaissance (et j'ai acquis cette connaissance durant le séjour que j'ai fait cette année même à Genève) que le *Journal de Genève*, feuille essentiellement dévouée aux intérêts du parti conservateur dans cette ville, procède à l'égard de ses correspondances comme est amené de le faire tout journal qui veut conserver une unité de direction et de politique. Il reçoit des renseignements de *sources différentes*, les repousse ou les accepte suivant qu'ils lui paraissent devoir servir ou ne pas servir la ligne politique qui est la sienne, et le plus souvent il confond dans un même article intitulé : *Correspondance de Paris*, ce qui en d'autres occasions fournit deux articles sous ce même intitulé. Il arrive même quelquefois que les renseignements reçus de la France ne convenant pas à la direction, on annonce simplement que la correspondance de Paris n'est pas arrivée au jour où elle n'agrée pas à la rédaction en chef.

» Ces divers faits sont notoires à Genève : ils m'ont été affirmés par des hommes bien connus dans le parti conservateur, mêlés même à la rédaction du journal, comme est M. le pasteur Borel, qui, interrogé par moi sur les conditions de l'existence de la presse de Genève, me donna en passant ces différentes indications que je regrette de ne m'être pas fait préciser davantage, ignorant, comme je l'étais alors, qu'elles pussent jamais servir d'indications dans un procès pareil à celui qu'on intente à M. de Flers.

» Si ce témoignage pouvait, Monsieur, avoir pour vous la moindre utilité, j'en serais fort heureux, car je vous avoue que, présent à l'audience d'aujourd'hui, j'ai éprouvé un sentiment singulier d'étonnement en entendant M. le procureur général supposer que M. de Flers pouvait être fait responsable d'une correspondance que je savais et que je puis affirmer être réputée à Genève : *collective et multiple*.

» Agréez, Monsieur, l'hommage de mon sincère respect,

» *Signé* : **Léon Renault**,

» Avocat à la Cour impériale. »

Messieurs, y a-t-il rien de plus précis que cette lettre, dont je remercie mon jeune et honorable confrère; ne montre-t-elle pas à la Cour le véritable caractère des correspondances de Paris imprimées dans le *Journal de Genève*, caractère collectif et non pas individuel, correspondances qui sont faites par le directeur du journal, pour maintenir l'unité de sa feuille, correspondances qui ne sont pas insérées pures et intactes, telles qu'elles émanent de celui qui les a envoyées? Il y avait une raison pour que les correspondances de M. de Flers ne fussent pas insérées intactes dans le *Journal de Genève;* et la raison, je vous l'ai indiquée déjà, c'est que la plus grande partie des correspondances de M. de Flers étaient relatives aux affaires d'Italie, à la question de la souveraineté du pape, à la question de la lutte du Piémont avec le Saint-Siége, et que le *Journal de Genève*, qui est le représentant du protestantisme le plus puritain, ne pouvait pas admettre, telles qu'elles, toutes les correspondances que M. de Flers lui envoyait.

Je dis à la Cour, et c'est un point important, qu'il n'y a qu'une seule personne responsable de la correspondance du *Journal de Genève*, c'est le rédacteur en chef de cette feuille. Il reçoit de sources nombreuses de France les renseignements qui lui sont donnés ; il les prend, il les réunit, il les combine, il en cite une opinion, il en cite une autre, et il fait avec tout cela une correspondance de Paris où se trouvent des choses de toute nature. Mais M. de Flers ne peut pas être évidemment responsable de tout ce qu'on pourra y trouver, à moins, je m'étais empressé de le reconnaître, que dans les faits que signale la correspondance de Genève, on n'en trouve quelqu'un qui, rapproché des documents de la cause, puisse montrer qu'il émane, celui-là, de M. de Flers. C'était un travail que j'avais demandé qu'on fît. On a trouvé chez M. Landwehr des notes dont quelques-unes se rapportent à la correspondance de Genève, par exemple pour des obligations que la ville de Paris voulait émettre. M. de Flers doit être responsable de ce passage de la correspondance, soit ! Mais quand vous ne trouvez rien de pareil dans tous les autres passages, et que vous voulez l'en rendre responsable, cela me paraît impossible : c'est vouloir attribuer à chacun individuellement une œuvre de compilation qui n'appartient qu'à son auteur ; c'est établir une solidarité que jamais aucune loi n'a établie et que la Cour ne voudra pas établir par son arrêt.

On a cherché un rapprochement entre la correspondance du *Journal de Genève* et une des lettres de M. de Flers. Le 4 septembre 1860, le *Journal de Genève* parlait de la Sardaigne, et le 22 juillet suivant le marquis de Flers écrivait une lettre où il parlait aussi de la Sardaigne. Vous avez fait le rapprochement des mots, et vous avez dit : M. le marquis de Flers est l'auteur de la correspondance du *Journal de Genève* du 4 septembre 1860. Oh ! permettez. si la lettre était contemporaine de la correspondance du *Journal de Genève*, vous seriez autorisé à conclure, de l'insertion au journal, que M. de Flers a fourni les matériaux ; mais la lettre est postérieure de dix mois à la correspondance du *Journal de Genève*, et depuis cette époque, et même auparavant, le bruit courait en Europe, et ce bruit avait été répété par la *Patrie* et par le *Siècle*, que le gouvernement de l'Empereur avait des vues sur la Sardaigne.

On a cité différents articles ; on a montré que, dans ces articles, il y avait des intentions coupables. Je le répète à la Cour, je ne cherche pas à les justifier ; mais je dois dire que, dans ceux qui ont été rappelés par M. le procureur général, il y en a qui vraiment ne m'ont pas paru coupables, qui m'ont paru se renfermer dans les limites d'une légitime critique ou d'un récit parfaitement impartial. D'autres, au contraire, pourraient montrer une ardeur passionnée, exprimer des intentions hostiles au gouvernement français, mais, je le répète à la Cour, que M. de Flers n'en accepte, en aucune manière, la responsabilité, et je demande que l'on consulte les écrits de M. de Flers, pour voir s'il est capable d'écrire les articles qu'on a cherchés avec tant de soin dans la correspondance du *Journal de Genève*. On a parlé d'un extrait de lettre de Milan ; on a dit :

« M. de Flers avait un correspondant à Milan, donc c'est lui qui a envoyé cet extrait. »

Messieurs, je suis obligé de me répéter, je le regrette, mais je ne puis pas ne pas le faire. Nous avions des correspondants à Turin, à Naples, à Rome, mais non pas à Milan ; vous avez saisi toutes nos lettres ; prenez-les, trouvez-y quelque chose qui se rapporte à une correspondance du *Journal de Genève*, et s'il s'agit d'un bruit qui ne soit pas trop communément répandu en Europe pour qu'il soit vraisemblable qu'il ait eu son origine dans les lettres écrites à M. de Flers et saisies chez lui, attribuez-lui-en la responsabilité. Or, ce fait de Milan que vous imputez à M. de Flers est-il dans une seule des lettres qui lui ont été écrites d'Italie, soit de Turin, soit de Naples ? Il n'est dans aucune : par conséquent, il n'en a pas eu la confidence, le fait n'a jamais été en ses mains, si je puis m'exprimer ainsi, et il n'y a aucune raison de croire que, ne l'ayant jamais eu en ses mains, il l'ait transmis au *Journal de Genève*.

Vous le voyez, je dois me dispenser d'examiner, article par article, toutes les correspondances qui ont été lues.

Voilà donc tout, Messieurs : des journaux étrangers dans lesquels on peut trouver des choses blâmables, mais sans pouvoir les appliquer à M. de Flers, par conséquent des journaux absolument hors de notre débat, incapables de servir de base à une accusation, à une condamnation ; et en dehors de ces journaux étrangers, une lettre écrite par le secrétaire de M. Flers, lettre dans laquelle se trouve l'exposé le plus impartial et le moins offensif de la politique française, sur le point seul dont on parle, je veux dire sur notre expédition en Cochinchine ; une lettre de M. de Flers, dans laquelle il répète des bruits répandus en Europe, et qui avaient été l'objet de discussions publiques au parlement d'Angleterre, puis des notes émanées de lui saisies chez M. Landwehr, notes dans lesquelles on ne trouve pas un mot qui démontre cette ardeur hostile que M. de Flers aurait gardée pendant dix ans contre le gouvernement français. Dans toutes ces correspondances, au con-

traire, on trouve le caractère de la plus complète impartialité,
à ce point que, par deux fois, j'ai pu vous lire des éloges
adressés au gouvernement français, et presque jamais des
critiques, ou, s'il y a des critiques, elles se renferment dans
des bornes parfaitement légitimes, suivant les défenseurs mêmes
de la loi du 27 février 1858. Voilà les éléments que vous avez.
Je demande que votre délibération porte sur les éléments sincères et réguliers de notre débat. Je dis réguliers, quoiqu'ils ne
soient pas complets ; ils seraient plus concluants s'ils étaient
plus complets, mais nous les produisons tels qu'il nous a été
possible de les produire, et je supplie la Cour de n'attribuer à
M. de Flers QUE CE QU'IL A ÉCRIT, ET NON CE QUE D'AUTRES
ONT ÉCRIT.

Et maintenant, à quoi se réduit pour vous ce débat ? Je ne
parle plus de l'interprétation à donner au mot *intelligences ;* je
ne m'arrête même plus à discuter le point de savoir si une simple correspondance constitue ce concert, ce concours de volontés
dont parle la Cour de cassation ; je parle du but. Quel a été le
but de M. de Flers, de cet homme modéré, honorable, que, dans
le cours de sa vie, l'esprit de parti n'a jamais emporté, qui a
eu des affections, des sympathies profondes, qui les a encore,
mais qui n'a pas de haine et qui n'a pu la provoquer ? A quels
motifs attribuer ses correspondances ? Il peut y en avoir deux,
Messieurs. Ou bien M. de Flers a été un de ces hommes répandus, recueillant des nouvelles, charmé de les apprendre, charmé
aussi de les transmettre ; ce n'est pas une espèce d'hommes nouvelle parmi nous. Il y en a eu de tout temps, surtout aux
époques où les propos dits à l'oreille sont les seuls moyens de
savoir la vérité. Il y en avait sous Louis XIV ; *la Bruyère* et
Montesquieu en ont parlé. Plus tard, *Barbier,* dans son *Journal
du Parlement,* en parlait aussi en ajoutant, avec grande raison :

« La véritable cause de toutes les fausses nouvelles qui se débitent
proviennent de ce qu'il n'en transpire aucune. La vivacité de la nation
semble exiger qu'au lieu de la vérité, le ministère lui en présente
au moins l'ombre.... »

Voilà ce qu'on disait au dernier siècle, sous le règne de

Louis XV, et c'est un avocat au parlement qui disait cela. La même chose se produit de nos jours. On ne sait rien de la vérité; on la cherche et des nouvelles transpirent; chacun est d'autant plus avide de les recueillir qu'il n'a pas la vérité même, et à notre époque, comme en d'autre temps, il se trouve des hommes qui aiment à recueillir ces nouvelles et à se donner l'honneur de les communiquer.

Voilà un premier motif qui peut expliquer comment **M**. de Flers, depuis dix ans, a été un correspondant des journaux étrangers, leur envoyant des bruits qui n'étaient pas toujours vrais, puisque dans une des lettres citées on lui reproche d'avoir par quatre fois annoncé que l'Empereur ne reconnaîtrait pas le gouvernement d'Italie, mais qui étaient toujours recueillis et répétés de bonne foi.

Il y a un autre motif que vous pouvez supposer ; vous pouvez dire que **M**. de Flers s'inquiétait peu de ce qui se passait dans le monde ; qu'il n'a obéi qu'à une haine systématique et profonde ; qu'il a cherché par tous les moyens à troubler l'Europe et à propager la haine et le mépris du gouvernement impérial. Vous pouvez faire ces deux suppositions. Je ne sais vraiment ce qu'on gagne entre ces deux motifs également possibles, à supposer que le fonctionnaire public, membre d'une Cour souveraine, a été infidèle à son serment ; que l'homme aux mœurs polies et modérées a été violent et passionné ; enfin, que l'homme d'esprit et de goût s'est cru obligé de répandre les critiques les plus amères sur le gouvernement de son pays.

J'ai dit que vous pourriez choisir entre ces deux interprétations ; que vous pourriez prendre l'une ou l'autre, quoique cependant je ne veuille pas les assimiler : l'une laissera **M**. de Flers soumis peut-être à la décision disciplinaire de la Cour à laquelle il appartient, tandis que l'autre conduirait la Cour à prononcer une condamnation terrible et à faire descendre un fonctionnaire de la Cour des comptes jusqu'à l'application de l'article 2 de la loi du 27 février 1858 et de ses conséquences.

ARRÊT.

La Cour, après une heure trois quarts de délibération, a rendu l'arrêt suivant :

« La Cour,

» Considérant en droit que l'article 2 de la loi du 27 février 1858, en punissant les manœuvres et intelligences à l'étranger, dans le but de troubler la paix publique, ou d'exciter à la haine ou au mépris du gouvernement, a eu nécessairement en vue les correspondances et intelligences qui alimentent la presse étrangère de calomnies contre le gouvernement de l'Empereur ; qu'il serait même assez difficile de trouver un autre moyen de propager hors de France la haine ou le mépris du gouvernement ;

» Que par la nature de la peine, par la similitude des expressions employées, il est évident que la loi de 1858 a voulu réprimer l'habitude de venir en aide aux attaques injurieuses de la presse étrangère, comme la législation ordinaire punit celles de la presse intérieure ;

» Considérant, en fait, que le marquis de Flers a, pendant plusieurs années, servi la correspondance de journaux dont l'animosité contre la France est notoire ;

» Que les documents antérieurs au 22 juillet 1858, s'ils ne peuvent donner lieu à des poursuites, constituent un élément d'appréciation morale de l'esprit politique et de la direction générale des correspondances du prévenu ; qu'ils doivent être, à ce titre, maintenus dans la cause ;

» Considérant que les faits non prescrits et relatifs aux journaux de Dresde et de Genève attestent une intention formelle et suivie de propager la haine et le mépris du gouvernement impérial ; que la seule connaissance de l'hostilité systématique des journaux dont il s'agit révélait au marquis de Flers qu'il concourait à une œuvre d'inimitié et de dénigrement entreprise contre le gouvernement de son pays ;

» Que les articles qui font partie de la correspondance qu'il leur a adressée, et notamment les lettres saisies au début de la poursuite, démontre que le prévenu s'est complétement associé à l'entreprise de ces journaux ;

» Considérant qu'il a entretenu ainsi avec eux des intelligences pour appeler sur le gouvernement de l'Empereur la haine et le mépris ;

» Considérant que la position officielle du marquis de Flers aggrave ses torts, car elle lui assurait à la fois plus de confiance à l'intérieur, et à l'extérieur plus d'autorité :

» Considérant que s'il a partagé, pendant les dernier temps, le travail de sa correspondance avec son fils, il a continué d'y coopérer jusqu'au moment de la poursuite ;

» Considérant, quant à Landewehr, que le concours matériel de son travail à l'œuvre du marquis de Flers ne démontre pas qu'il y ait eu de sa part l'intention délictueuse qui peut seule motiver une condamnation ;

» Vu l'art. 2 de la loi du 27 février 1858 ;

» Et faisant l'application dudit article :

» Condamne le marquis de Flers à deux mois d'emprisonnement, 2,000 francs d'amende et aux trois quarts des frais envers l'État ;

» Renvoie Landewehr de la plainte, sans dépens ;

» Dit que les pièces étrangères aux correspondances avec les journaux, et qui ont été saisies, seront, par les soins de M. le procureur général, restituées à de Flers ;

» Rejette le surplus des conclusions quant à ce ; fixe la durée de la contrainte par corps à un an.

A la suite de l'arrêt de la Cour impériale M. le marquis de Flers a adressé la lettre suivante à M. le premier président de la Cour des comptes :

« Monsieur le premier Président,

» Devant l'arrêt que la Cour impériale a prononcé contre moi, je n'hésite pas à me retirer de la Cour des comptes, et j'ai l'honneur de vous adresser ma démission.

» Ce n'est pas sans une vive douleur que je me sépare d'anciens collègues avec lesquels j'ai vécu pendant près de trente années dans les liens d'une amitié étroite. En me séparant d'eux, j'obéis non pas à ma conscience, elle ne me reproche rien, mais à des nécessités contre lesquelles il me serait impossible de lutter. Je veux épargner à la Cour des comptes la triste obligation de se réunir pour délibérer sur la situation judiciaire de l'un de ses membres frappé d'une condamnation politique. Ma démission remise entre vos mains sera ainsi la dernière preuve de mon attachement pour mes collègues. Je ne voudrais pas, monsieur le premier président, qu'elle pût être interprétée *autrement.* . . . .
. . . .
. . . .
. . . .
. . . .

» Veuillez, monsieur le premier président, agréer l'hommage de mon respect.

» *Signé :* Marquis DE FLERS.

» Paris, 7 décembre 1861. »